W0323760

Prüfungsstoff kompakt

Abitur-Wissen

DEUTSCH

Cornelsen

Der Autor
Peter Kohrs ist Deutschlehrer mit langjähriger Erfahrung an einem Gymnasium. Er ist Verfasser von Lernhilfen und Lehrbüchern für die Sekundarstufe I und II.

Dieses Werk basiert in Teilen auf dem Band „Pocket Teacher Abi Deutsch"
ISBN 978-3-589-22494-4.

www.cornelsen.de

Bibliografische Information: Die Deutsche Bibliothek verzeichnet diese Publikation in der Deutschen Nationalbibliografie; detaillierte bibliografische Daten sind im Internet über http://dnb.ddb.de abrufbar.

1. Auflage 2010

Projektleitung: Anja Sokoll, Berlin
Redaktion: Das Lektorat Monika Kopyczinski, Berlin
Herstellung: Uwe Pahnke, Regina Meiser, Berlin
Satz/Layout: Julia Walch, Bad Soden
Sachzeichnungen: Rainer J. Fischer, Berlin
Reihen- und Umschlaggestaltung: Torsten Lemme, Berlin
Druck und Bindearbeiten: CPI – Clausen & Bosse, Leck
Printed in Germany
ISBN 978-3-06-150078-8

Gedruckt auf säurefreiem Papier,
umweltschonend hergestellt aus chlorfrei gebleichten Faserstoffen.

Inhalt

Vorwort

Liebe Abiturientin, lieber Abiturient,

dieser Band hilft Ihnen bei der konkreten Vorbereitung auf die Abitur-Prüfung. Selbst wer glaubt, schon fit zu sein, kann hier mit Gewinn noch mal ein Kapitel lesen und sein Wissen auffrischen. Vor allem aber werden die Zusammenhänge übersichtlich und anschaulich präsentiert. Dazu tragen auch die zahlreichen Grafiken und Schaubilder bei, die den Text durch anschauliche Beispiele illustrieren und vertiefen.

Der Band „Abitur-Wissen Deutsch“ greift alle zentralen Themen auf, die für die Abitur-Prüfung wichtig sind: Sprache und Sprechen, Textarten und literarische Gattungen sowie Literaturepochen. Dieses Wissen ist in diesem Band kompakt und verständlich aufbereitet und erleichtert auf diese Weise die Vorbereitung auf das Abitur.

Schnelle Hilfe bietet das Stichwortverzeichnis am Ende des Bandes. Farbige Pfeile (↗) im Text verweisen auf andere Stellen im Buch, an denen Sie weiterführende Informationen finden.

Für die Abitur-Prüfung wünschen wir Ihnen viel Erfolg!

1 Sprache und Sprechen

1.1 Was ist Sprache?

Die menschliche Sprache hat folgende Grundmerkmale:
1. Sprache ist *akustisch*. Die normale menschliche Sprache ordnet Bedeutungen Laute zu, nicht Gesten, Bildzeichen oder Gerüche.
2. Sprache ist nicht *situationsunmittelbar* (wie z. B. die „Sprache" der Tiere). Sie kann von dem handeln, was in Raum und Zeit weit entfernt ist, was es gar nicht gibt; man kann mit ihr lügen.
3. Sprache ist *doppelt durchstrukturiert*. Sie kann aus einer relativ geringen Zahl von Lauten eine unendlich große Zahl von kleinen Bedeutungseinheiten herstellen. Auf der zweiten Strukturebene können Wörter zu unendlich vielen Sätzen zusammengestellt werden.
4. Sprache besteht aus *abgegrenzten Bedeutungseinheiten*, die ihre Bedeutung unabhängig davon behalten, auf welche Weise (laut, leise, schnell, langsam) sie gesprochen werden.
5. Die Zeichen der Sprache sind *willkürlich*. Abgesehen von einigen lautmalenden Wörtern wie „Kuckuck" gibt es keine Beziehung zwischen der Lautgestalt eines Wortes und der Gestalt dessen, was es bezeichnet. Wörter sind also Symbole; sie besitzen normalerweise keine Ähnlichkeit mit dem, was sie bezeichnen.
6. Die Sprache ist *offen*; ihr Zeichenvorrat ist zwar endlich; es lassen sich damit aber unendlich viele Sätze bilden.
(Nach: Dieter E. Zimmer: So kommt der Mensch zur Sprache. Heyne Verlag. München 1997, S. 17 ff.)

Sprache als künstliches System von Zeichen

Eine der wichtigsten Annahmen der modernen Sprachwissenschaft zu Beginn des 20. Jahrhunderts ist die Theorie der ***sprachlichen Zeichen*** von Ferdinand de Saussure. Dabei wird das Zeichen als Verknüpfung eines Lautbildes mit einer Vorstellung verstanden.
Auf diese Weise sind zwei Bedingungen erfüllt, um mit einem Partner kommunizieren zu können:

- ein akustischer Ausdruck bestimmter Qualität und Quantität/ein Lautbild,
- eine Bedeutung/ein Inhalt/eine Vorstellung.

Entscheidend dabei ist, dass es keinen Grund gibt, die Vorstellung von einer bestimmten Sache mit einer ganz bestimmten Lautkette zu assoziieren. Das zeigen die Lautbilder der unterschiedlichen Sprachen, die jeweils die gleiche Sache bezeichnen.

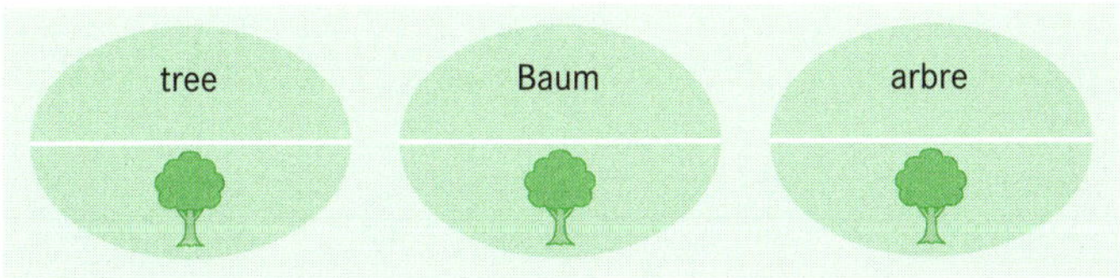

Die Zuordnung der beiden Seiten des sprachlichen Zeichens ist also ursprünglich willkürlich (arbiträr). Sie ist aber für heutige Sprachgemeinschaften nicht mehr ohne weiteres änderbar, weil die Zuordnung von Inhaltsseite und Ausdrucksseite des sprachlichen Zeichens festgelegt (konventionalisiert) ist.

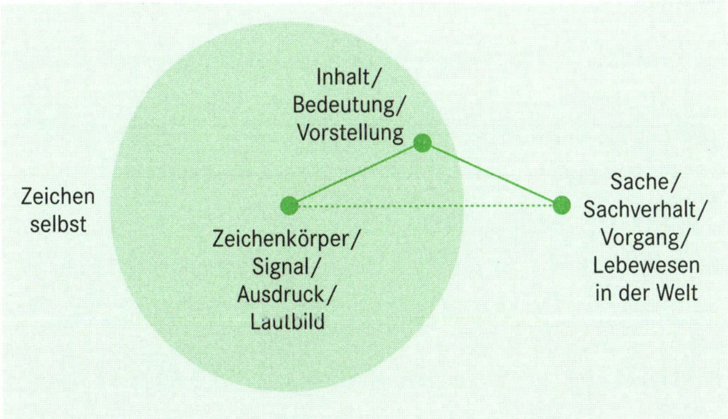

Semiotisches Dreieck: Die Relation Lautbild/Vorstellung ist als Zeichen beschrieben. Der Inhalt verweist auf Sachverhalte, Ideen und Lebewesen in der Welt. Entsprechend ist die Relation Lautbild/Sache als unterbrochene Strecke gezeichnet.

Sprache kann entsprechend als ein (symbolisches) Zeichensystem verstanden werden, als eine Menge zeichenhafter Elemente mit Regeln zu ihrer Verknüpfung.

Für das *künstliche Zeichensystem der menschlichen Sprache* ergibt sich im Gegensatz zu natürlichen Zeichen (Tränen als Zeichen der Trauer oder Freude) Folgendes:
Mit dem Zeichensystem Sprache lassen sich neue Sachverhalte erfassen und neue Vorstellungen zum Ausdruck bringen. Auf der Grundlage einer begrenzten Anzahl sprachlicher Zeichen können unendlich viele Aussagen gemacht werden.
Die Bedeutung kann man also nicht erraten, man muss sie erlernen, weil es keine (von vornherein und grundsätzlich) festgelegte Verbindung zwischen Bedeutung und den Sachverhalten in der Welt gibt. Bei den Sprachzeichen stellen nur die wenigen lautmalenden Wörter (*Onomatopöien* wie Wauwau und Kuckuck) Ausnahmen dar.

Alle Zeichen, die in irgendeiner Hinsicht willkürlich und damit konventionalisiert sind (dies gilt auch für Piktogramme und Verkehrszeichen), nennt man Symbole. Sprachzeichen sind allerdings die abstraktesten Zeichen/Symbole. Sie sind, anders als die Verkehrszeichen, unabhängig von ihrer Situation, über unterschiedliche Räume und Zeiten hinweg verwendbar.
BEISPIEL Ich kann meiner Freundin aus Rom nach Deutschland eine Postkarte schreiben und darin eine Aussage über das antike Forum Romanum machen.

Zeichen sind also auch nicht mit dem bloßen Anzeichen zu verwechseln. Bei diesen besteht eine natürliche Kausalbeziehung zum außersprachlichen Bezugsobjekt.
BEISPIEL Rauch verweist auf die Ursache Feuer.

Auf Charles S. Peirce geht die Einteilung in *indexikalische* Zeichen (Anzeichen), ikonische Zeichen (z. B. Piktogramme) und symbolische Zeichen (auf Konvention beruhende Beziehung zwischen Zeichenträger und Bezeichnetem) zurück.
Wichtig ist der Erklärungsansatz vom sprachlichen Zeichen für das Verständnis von Texten, besonders von poetischen Texten, die man als eine Art „sprachliches Superzeichen“ betrachten kann, weil hier der Symbolcharakter des Sprachzeichens offensichtlich wird: Etwas verweist auf etwas anderes.

Sprache als Mittel der Verständigung und des sozialen Handelns

Mithilfe der Sprache kann man anderen etwas mitteilen und man kann die Wünsche und Gedanken anderer erfahren; dadurch werden Beziehungen zum anderen Menschen hergestellt. Sprache stiftet soziale Bindungen zwischen Menschen; aus diesem Grunde spricht man auch von ***Sprachgemeinschaft***.
Dies wird einem insbesondere dann bewusst, wenn man in ein Land kommt, dessen Sprache man nicht kennt und dessen Schriftzeichen einem nicht vertraut sind. Dann ist man auf Bildzeichen bzw. gestische Zeichen und Zeichensprache angewiesen.

Bei der zwischenmenschlichen Verständigung spielen neben den Inhalten auch die Beziehungen zwischen den Beteiligten eine nicht minder wichtige Rolle. Grundsätzlich werden mündliche und schriftliche Texte immer auch von den Absichten, Erwartungen der Beteiligten, der Einschätzung des jeweils anderen, der jeweiligen Sachkenntnis mitbestimmt.
BEISPIEL Sie trägt ein neues Kleid. Er fragt, ob sie dies im Ausverkauf erstanden habe.

Je nach Beziehung der Beteiligten kann diese Frage Zustimmung oder Ärger hervorrufen, weil sie seine Frage als Lob („prima Schnäppchen") oder als Kritik (minderwertig) auffassen kann.

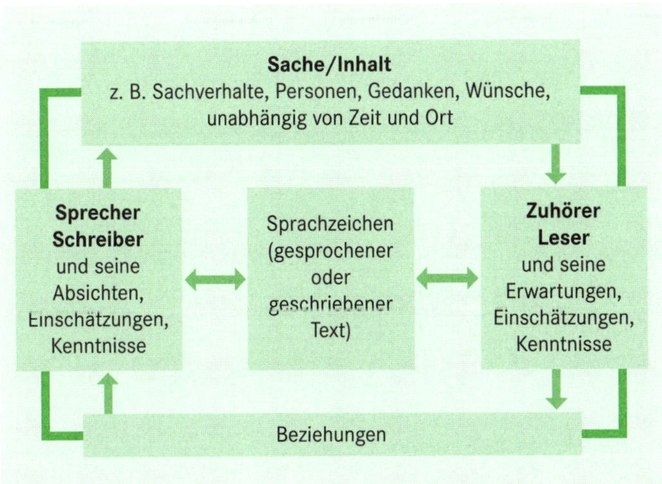

Die besondere Eigenart sprachlicher Zeichen als Symbol begründet ihre überragende soziale Leistung für den Menschen. Mit Sprache kann er eine kommunikative Situation herstellen, in der es um den Austausch von Inhalten und um Beziehungszusammenhänge geht, er kann über Abwesende reden, er kann Aussagen über Umstände an anderen Orten und zu anderen Zeiten machen (↗ S. 10).
Da die Art der Kommunikation durch Sprechen, Gebärden oder andere Zeichen für alle Menschen gleich ist, könnte grundsätzlich in jeder menschlichen Sprache der Welt jeder menschliche Gedanke vermittelt werden.

Mündliche und schriftliche Verständigung
Die *gesprochene Sprache* ist artspezifisch für den Menschen. Diese akustische, sich in Sprachlauten äußernde Dimension von Sprache ist die primäre und wichtigere, auch in der Geschichte der Sprache. Sie wird vom Kind auf natürliche Weise gelernt.

Die schriftliche Kommunikation dagegen ist eine Kulturtechnik, die vor etwa 6000 Jahren entwickelt wurde. Sie veränderte das Zusammenleben der Menschen, da Wissen unabhängig vom Menschen gespeichert werden konnte. Damit hängt auch die Entwicklung von Technik und Wissenschaft zusammen. Die *geschriebene Sprache* lernt das Kind nur durch systematisches Üben. Der Buchdruck (↗ S. 38) hat die Schriftsprache zum Massenmedium gemacht. Auch der Computer hat bereits die Schriftsprache verändert (zum Einfluss des Angloamerikanischen ↗ S. 45).

In der *Schriftsprache* muss man sich entschieden genauer an die Regeln der Grammatik halten,
- weil die Beteiligten keine gemeinsame Kommunikationssituation haben,
- weil daher der andere nicht unmittelbar zurückfragen kann,
- weil Mimik und Gestik als zusätzliche, unterstützende Verständigungshilfen nicht zur Verfügung stehen.

Die Schriftsprache
- ist daher abstrakter als die gesprochene Sprache,
- ist nicht abhängig von Raum und Zeit,
- arbeitet nur mit sichtbaren Zeichen,
- stellt eine Konvention dar.

Sprache und Denken

Unter *Denken* wird im weitesten Sinne jedes bewusste Überlegen im Gegensatz zum Fühlen und sinnlichen Wahrnehmen verstanden.
Seit Menschen über ihr eigenes Sprechen nachdenken, wird auch über das *Verhältnis von Sprache und Denken* reflektiert. Die Thesen darüber reichen von der Unabhängigkeit beider bis zur völligen Identität. Für den griechischen Philosophen Platon (427 - 347 v. Chr.) ist das Denken nichts anderes als lautloses Sprechen.

Eine völlige Identität von Sprache und Denken wird heute nicht mehr vertreten; ein solches Sprachverständnis würde grundsätzlich nicht zwischen dem (gesprochenen) Wort/Satz und dem (gemeinten) Gedanken unterscheiden. Allerdings gibt es durchaus gedankenlose Formen des Sprechens, z. B. stereotype Redewendungen oder nichtssagendes Geschwätz. Debile Menschen sind manchmal sehr redegewandt, andererseits verlieren Sprachgestörte nicht automatisch ihre Denkfähigkeit.

Nicht wenige Sprach- und Denkpsychologen des 20. Jahrhunderts sprechen von einer *Funktionssymbiose* zwischen Denken und Sprechen. Dabei wird hervorgehoben,

- dass Sprechen und Denken aufeinander bezogen und angewiesen sind,
- dass eine Identität zwischen beiden jedoch auszuschließen ist.

Man nimmt an, dass im Bereich der praktischen Intelligenz, bei der es um reflexartiges, intuitives Erfassen von Zusammenhängen geht, möglicherweise Denkabläufe existieren, die ohne sprachliches Denken ablaufen (untersprachlicher Denkbereich), wobei jedoch vorhergehende Denkbemühungen und Auseinandersetzungen auch unter Verwendung sprachlicher Begriffe abgelaufen sein dürften. Andererseits wird es Bereiche geben (z. B. spezielle Theorien der Mathematik oder Physik), die mithilfe normaler Sprache nicht mehr formuliert werden können und daher einer eigenen Symbolsprache bedürfen (übersprachlicher Denkbereich).

In abgeschwächter Form wird der *Identitätsstandpunkt* vertreten, wenn das Sprechen als lautes Denken bezeichnet wird (vgl. die Schrift von Heinrich von Kleist *Über die allmähliche Verfertigung der Gedanken beim Reden*). Eine gegenteilige Position *(dualistischer Standpunkt)* wird mit der Behauptung aufgestellt, Denken erfolge weitgehend unabhängig von Sprache, die Sprache sei nur eine Art Einkleidung des Gedankens, ein Medium, um die Gedankengänge zu bezeichnen; bei dieser Theorie werden einheitliche Denkstrukturen bei den Angehörigen aller Sprachgemeinschaften vorausgesetzt. Eingewandt wird gegen diese Ansicht, dass natürliche Sprachen widersprüchlich und zu ungenau seien, um allgemeingültige logische Strukturen zu beschreiben; eine Darstellung der Gesetze der Logik könne nur durch eine formale Wissenschaftssprache erreicht werden (vgl. auch die lange Zeit gehegte Auffassung von der lateinischen Sprache als Universalsprache für die geistigen Bereiche in Religion, Wissenschaft und Kunst).

Die Beziehung zwischen Sprache und Denken lässt sich objektiv kaum bestimmen. Der Sprache kann eine *Mittlerfunktion* zugewiesen werden: Zwischen dem Denken und der zu erkennenden Welt steht die Sprache, die unsere Art und Weise der Erkenntnis überformt oder gar lenkt. Alles, was wir über unsere Gedanken zu sagen wissen, wissen wir nur zu sagen, d. h. sprachlich zu vermitteln. Nur sprachlich gefasste Gedanken sind mitteilbar. Man kann also Sprache als Medium ansehen, mit dessen Hilfe wir miteinander kommunizieren und in Gedankenaustausch treten. Wenn man sich mithilfe der Sprache verständigt, tauscht man im Gespräch gemeinsame gedankliche Vorstellungen aus, tut man dies nicht, redet man aneinander vorbei. Der Mensch kann mittels Sprache *abstrakte Begriffe* bilden, die ihm helfen, die Wirklichkeit zu beurteilen, er kann *gedankliche Hypothesen* aufstellen und *historisches Bewusstsein* entwickeln.

Auch unsere Vorstellungen und Erinnerungen sind mit sprachlichen Bedeutungen verknüpft. Mit Sprache können wir daher unsere Umwelt und Umgebung begreifen, wir können eine geplante oder erträumte Welt erfassen, die z. B. von Dichtern entworfen wird. Der Verstand muss in der Lage sein, die Bedeutung des Gesprochenen zu erfassen. Die Bedeutung ist eine mentale Größe; insofern ist die *Bedeutung sprachlicher Zeichen* weder gleich der Wirklichkeit, auf die sie verweist (↗ S. 9), noch ist diese bei allen Sprachteilhabenden in gleicher Weise vorhanden. Dies hat z. B. auch Folgen für das Verstehen von Texten durch unterschiedliche Leser; diese können dem gleichen Text unterschiedliche Bedeutungen entnehmen (↗ S. 10).
Als Beispiel die Aussage von Richard David Precht, einem zeitgenössischen Philosophen:

▶ ZITAT

Erst wenn man reflektiert, dass die Ordnungsmittel des Geistes, das Denken und die Sprache, nicht die Wirklichkeit ‚an sich' aufräumen, sondern Modelle sind, um die Welt nach Maßgabe der eigenen Spielregeln zu erklären, kommt man dem Menschen näher. Wer unterschiedliche Dinge wahrnimmt, der erlebt auch anders. Und wer anders erlebt, der denkt auch anders. Und wer anders denkt, der benutzt auch eine andere Sprache. Was unter verschiedenen Individuen zu unterschiedlichen Sprechweisen führt, unterscheidet den Menschen erst recht von den anderen Tieren. Die Grenzen des sinnlichen Wahrnehmungsapparates und die Grenzen der Sprache sind die Grenzen unserer Welt.

(Richard David Precht, Wer bin ich - und wenn ja, wie viele?, 2007)

Das „linguistische Relativitätsprinzip": Sapir-Whorf-Hypothese

Das linguistische System (die Grammatik jeder Sprache) ist nach der Hypothese der Sprachforscher E. Sapir (1884 - 1939) und B. L. Whorf (1897 - 1941) nicht nur ein reproduktives Instrument zum Ausdruck von Gedanken, sondern es forme vielmehr selbst die Gedanken. Daher sei die Formulierung von Gedanken kein unabhängiger Vorgang. Die Art und Weise, wie die Natur von uns in Begriffen organisiert wird und wie wir diesen Begriffen Bedeutungen zuschreiben, sei dadurch geregelt, dass wir an einem „Abkommen" (Sprachgemeinschaft; Strukturen unserer Sprache) beteiligt sind. Kein Individuum habe so die Freiheit, die Natur unparteilich zu beschreiben, weil seine Sicht durch die Interpretationsweisen seiner Sprache beschränkt sei. Die relativ größte Freiheit habe ein Linguist, der mit verschiedenen Sprachsystemen vertraut sei.

Unter den europäischen Sprachen sei deshalb eine gewisse Einstimmigkeit der Grundstrukturen gegeben, weil diese als frühere „Dialekte" auf den Ursprung einer (angenommenen) indoeuropäischen Einheitssprache (↗ S. 32) zurückgingen.
Die Divergenz in der Analyse der Welt werde dann besonders deutlich, wenn unserer eigenen Sprache z. B. das Tibetanische, Chinesische, Semitische gegenübergestellt werde.
Um diese Unterschiede deutlich zu machen, untersuchte Benjamin Whorf das Hopi, eine Eingeborenensprache Amerikas, die sich einige tausend Jahre unabhängig von anderen Sprachen Amerikas und von der Alten Welt entwickelt hat.

Whorf kommt so zu dem Schluss, die sprachlichen Mittel hätten wesentlichen Einfluss auf die kognitive Gliederung der Wahrnehmungsinhalte (↗ S. 9). Die Formulierung von Gedanken sei also kein unabhängiger (rationaler) Vorgang, sondern sei beeinflusst von der jeweiligen Grammatik einer Sprache; das linguistische System forme selbst die Gedanken. Diese Hypothese der beiden Sprachwissenschaftler Sapir und Whorf löste einen bis heute andauernden Meinungsstreit aus.

BEISPIEL Ein Beispiel für eine Anwendung der Hypothese der Sprachforscher Whorf und Sapir enthält der Roman *1984* von George Orwell. Der Autor kennzeichnet darin die Grammatik der Neusprache eines totalitären Regimes. Diese Sprache ist Ausdruck für die Parteiideologie des Regimes und soll jede Art anderen Denkens ausschalten. Letztes Ziel der Neusprache ist es, durch Veränderung und Reduktion der Grammatik und des Wortschatzes die Gedanken der Menschen kontrollieren zu können.

1.2 Leistung und kommunikative Funktion von Sprache

Die einzelnen Aspekte der Sprache sind Gegenstand verschiedener Teildisziplinen der Sprachwissenschaft:

- ***Semiotik:*** Theorie des sprachlichen Zeichens,
- ***Phonologie und Phonetik:*** lautliche Dimension bzw. Lautstruktur sprachlicher Zeichen,
- ***Morphologie:*** Struktur der Wörter,
- ***Syntax:*** Verknüpfung der Wörter im Satz,
- ***Semantik:*** Bedeutung der sprachlichen Ausdrücke,
- ***Grammatik:*** formale Regeln der Sprache,
- ***Pragmatik:*** Sprachhandeln; Verständigung mit sprachlichen Zeichen, Wirkung sprachlicher Zeichen.

Modelle als Erklärungsansätze sind Abstraktionen. Sie haben den Vorteil, dass die erfassten Größen anschaulich miteinander verbunden werden. Sie bergen in sich aber die Gefahr, dass vergessen wird, dass es um Abstraktionen und exemplarische Darstellungen geht. Wenn man komplexe Zusammenhänge zum Thema *Sprache* aufzeigen will, kann man aber auf Modelle als Erklärungshilfen nicht verzichten.

Sprache als Organon/Werkzeug

In dem Erklärungsansatz von Karl Bühler (1934), der in besonderer Weise die Leistung der Sprache betont, ist Sprache *Organon* (griech.: Mittel, Werkzeug), mit deren Hilfe Menschen einander etwas mitteilen können.

Das *Sprachzeichen* wird in drei Relationen dargestellt und bekommt drei Funktionen zugewiesen. Als Werkzeug dient die Sprache in besonderer Weise dazu

- die Gegenstände, Sachverhalte, Vorgänge, Personen der Umwelt darzustellen ***(Darstellungsfunktion)***,
- die eigene Verfassung als Sprecher zum Ausdruck zu bringen, auch gegenüber anderen ***(Ausdrucksfunktion)***,
- sich an andere zu wenden ***(Appellfunktion)***.

In jeder Mitteilung sind nach der Auffassung Bühlers alle drei Sprachfunktionen enthalten, wobei jedoch oft eine der drei Funktionen dominiert; darüber entscheidet die Absicht des Sprechers bzw. der Sprecherin.

BEISPIELE In einer Liebeserklärung dominiert die Ausdrucksfunktion, in einer Werbebotschaft die Appellfunktion, in einem Sachbericht die Darstellungsfunktion.

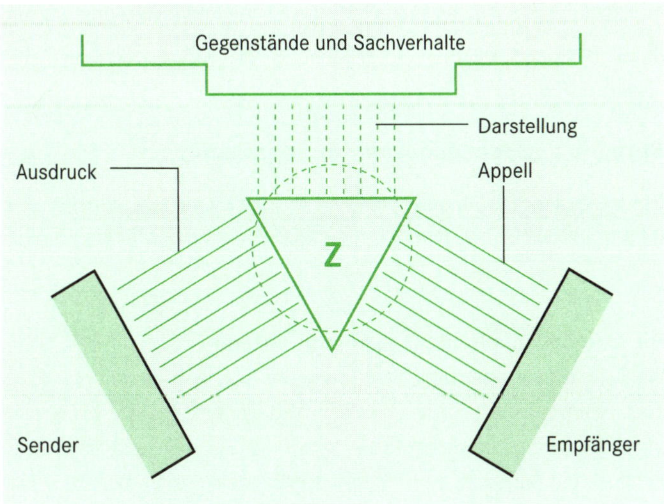

Sprache als Organon (Z = sprachliches Zeichen; die Linien deuten die unterschiedlichen Bedeutungsfunktionen an)

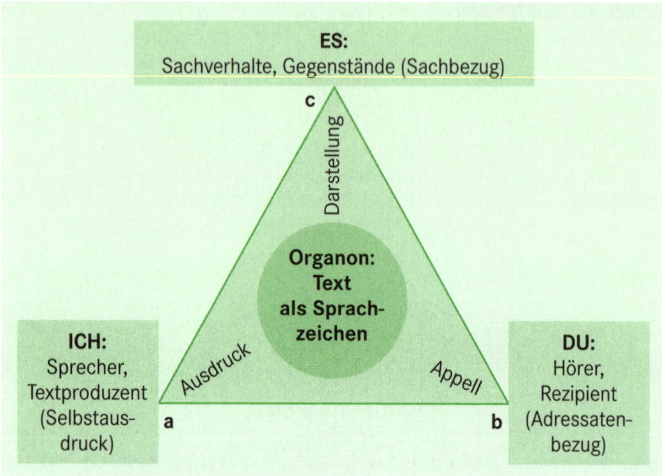

Anwendung des Organon-Modells: Klassifizierung von Texten

Dieses Modell lässt sich entsprechend auch für eine ***Klassifizierung*** gesprochener und geschriebener Texte nutzen:

- Texte, die in erster Linie Eindrücke, Gefühle und Überzeugungen des Sprechers/Schreibers wiedergeben (z. B. Tagebuch, Gedicht),
- Texte, die in erster Linie an andere appellieren, etwas bewirken, Handlungen auslösen sollen (z. B. politische Rede, Werbung, Aufruf),
- Texte, die in erster Linie die Wirklichkeit objektiv darstellen (z. B. Bericht, Beschreibung).

Sprache und menschliche Kommunikation

Die folgenden Erklärungsansätze haben der Kommunikationsforscher Paul Watzlawick u. a. (1969) entwickelt. Sie sind für das Verstehen menschlicher Kommunikation besonders wichtig:

Die Unmöglichkeit, nicht zu kommunizieren

Wenn man davon ausgeht, dass jede Form von Verhalten in einer zwischenmenschlichen Kommunikation Mitteilungswert hat, kann man nicht *nicht* kommunizieren. So können Nichthandeln und Schweigen genauso gut Mitteilungswert haben wie Handeln und Sprechen.

BEISPIEL Ein Schüler, der im Unterricht nichts sagt, zeigt damit möglicherweise sein Desinteresse, seine Angst, sich mit einer falschen Antwort zu blamieren, o. Ä.

Der Inhalts- und Beziehungsaspekt

Jede Mitteilung berücksichtigt einen Inhalt, eine Information an das sprachliche Gegenüber. Gleichzeitig aber enthält sie auch einen Hinweis darauf, wie der Sprecher diese verstanden haben möchte und wie er die Beziehung zwischen sich und dem Empfänger definiert.
Das bedeutet: Wir können jede Äußerung, jede Mitteilung sowohl auf ihren Inhalt als auch auf ihre Beziehungsaussage hin betrachten.

BEISPIEL Wenn Frau A auf Frau B's Halskette deutet und fragt: „Sind das echte Perlen?", so bezieht sich der Inhalt der Frage auf die Art der Perlen, gleichzeitig beschreibt sie durch die Art, wie sie fragt (Tonfall, Gesichtsausdruck) die Beziehung zu Frau B., z. B. Freundlichkeit, Neid, Bewunderung, ...

Digitale und analoge Form der Kommunikation

Die ältere analoge Form der Kommunikation äußert sich in Mimik, Gestik und im Ton der Sprache. Sie hat die allgemeine Gültigkeit von Zeichen- und Gebärdensprache, sie übermittelt die emotionale Seite der Kommunikation. Sie kennzeichnet die persönlichen Beziehungen zwischen den Menschen und zu den Dingen; z. B. werden Empfindungen ausgedrückt; die Formen können doppeldeutig sein, wie Tränen oder Lächeln.
Die digitale Form der Kommunikation vermittelt als verbale oder intellektuelle menschliche Kommunikation Inhalte und komplexes abstraktes Wissen. Die Sprache ist dabei logisch und abstrakt, sie vermittelt vor allem den Inhaltsaspekt. Sie ist jünger als die analoge Form der Kommunikation. Besonders die analoge Kommunikation birgt zahlreiche Fehlermöglichkeiten. Hier liegt häufig der Grund für Kommunikationsstörungen, wenn z. B. Inhalts- und Beziehungsaspekte der Kommunikation (vgl. oben) nicht übereinstimmen. Als Kommunikationsteilnehmer muss man deshalb zwischen den beiden „Sprachen" übersetzen und rückübersetzen (Metakommunikation ↗ S. 20).

BEISPIEL Sie und er haben Probleme miteinander. Er: „Warum guckst du mich denn so vorwurfsvoll an?" – Sie: „Wie kommst du darauf, dass ich dich vorwurfsvoll anschaue?" ...
(Hier ist ein Sprechen über Kommunikation notwendig.)

Symmetrische und komplementäre Interaktion

Symmetrische Beziehungen beruhen auf dem Streben nach Gleichheit zwischen den Partnern und nach Verminderung von Unterschieden.

BEISPIEL Zwei Mitschüler tauschen Informationen aus; der symmetrische Rollenstatus erlaubt keine Anweisung des einen an den andern.

Komplementäre Beziehungen beruhen auf sozialen Unterschieden zwischen den Beteiligten. In der komplementären Beziehung gibt es die unterschiedlichen Positionen der superioren/primären und der inferioren/sekundären Stellung.
BEISPIEL Der Lehrer gibt der Schülerin einen Auftrag; er erwartet, dass dieser ausgeführt wird; eine umgekehrte Konstellation wäre nicht möglich.

Metakommunikation

Kommunikationsstörungen können erst dann gelöst werden, wenn die Beteiligten in der Lage sind, sich von ihrem eingefahrenen Verhalten zu distanzieren und darüber reden, wie sie miteinander reden.

Die vier Seiten einer Nachricht

Der Psychologe Friedemann Schulz von Thun (1981) erklärt Kommunikation als eine Nachricht/Verständigung mit vier Seiten. Er greift dabei auf die Erklärungsansätze von Karl Bühler (↗ S. 17) und Paul Watzlawick (↗ S. 18) zurück.

Dieser Erklärungsansatz ist von großer Bedeutung für das Funktionieren zwischenmenschlicher Kommunikation, weil er die Erkenntnis berücksichtigt, dass ein und dieselbe Nachricht mehrere Botschaften einschließt:

- den ***Sachinhalt*** (worüber ich informiere),
- die ***Selbstoffenbarung*** (was ich von mir selbst kundtue: Ich-Botschaften, Selbstdarstellung, Selbstenthüllung),
- die ***Beziehung*** (was ich von dir halte und wie wir zueinander stehen: Ich-Botschaften und Wir-Botschaften),
- den ***Appell*** (wozu ich dich veranlassen möchte).

Das Kommunizieren unter vier Aspekten gilt sowohl für den Sender (Sprecher bzw. Sprecherin) als auch für den Empfänger (Hörer bzw. Hörerin).
BEISPIEL Nachricht aus dem Alltag
Die Frau sitzt am Steuer; der Mann sagt als Beifahrer vor einer Ampel: „Du, da vorne ist Grün."

Diese Äußerung des Mannes kann im Sinne der vier Aspekte einer Nachricht (Sachinhalt, Selbstoffenbarung, Beziehung, Appell) unterschiedliche Botschaften enthalten, die auf verschiedenen Ebenen angesiedelt sind:
Die Frau reagiert auf den *Beziehungsteil* der Botschaft und antwortet gereizt: „Fahre ich oder fährst du?“ Sie hat damit die Aussage des Mannes als Bevormundung aufgefasst. Natürlich könnte sie auch auf eine andere Ebene der Botschaft des Mannes reagieren:

- auf die *Sachebene*: „Das habe ich gerade gesehen, danke!“
- auf die Ebene der *Selbstoffenbarung*: „Warum hast du es denn so eilig, du musst doch erst in einer halben Stunde im Büro sein.“
- auf die *Appell-Ebene*: „Ich möchte nicht zu schnell fahren.“

Mit der gereizten Frage „Fährst du oder fahre ich?“ richtet sich die Ablehnung der Frau nicht gegen den Sachinhalt, sondern gegen die Beziehungsbotschaft, die sie empfangen zu haben glaubt (Kritik an ihren Fahrkünsten).

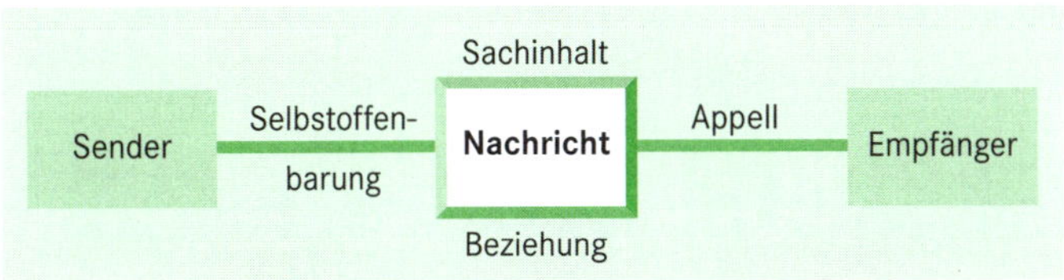

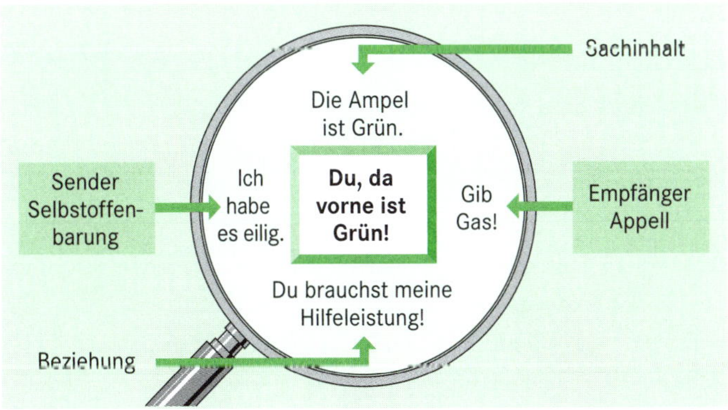

Das Beispiel zeigt auch: Die gesendete und empfangene Nachricht können übereinstimmen; sie können aber auch der Anlass für Missverständnisse und Störungen sein; dann sind Rückfrage (Feedback) oder Metakommunikation (↗ S. 20) notwendig.

1.3 Sprachvarietäten

Eine Sprache ist nur scheinbar ein völlig einheitliches Gefüge. In Wirklichkeit gibt es viele Sprachen in der Sprache (Sprachvarietäten), die gesellschaftlich, geografisch, kulturhistorisch, politisch, beruflich bedingt sind. So wie jeder Mensch in verschiedenen Gruppen lebt, lebt er auch in den verschiedenen Sprachen dieser Gruppen. Wir wechseln immer wieder von der einen Sprache in die andere, je nachdem, mit wem wir sprechen. Schon in der Muttersprache sind wir also mehrsprachig: Wir sprechen zu Hause eine andere Sprache als im Freundeskreis, als in der Schule oder im Beruf. Daher deckt sich der Begriff „deutsche Sprache“ nicht mit der Standardnorm. Diese ist eine ideale Verallgemeinerung und ein idealer Orientierungsmaßstab, an dem andere Sprachvarianten gemessen werden können, um deren Abweichungen zu erfassen.

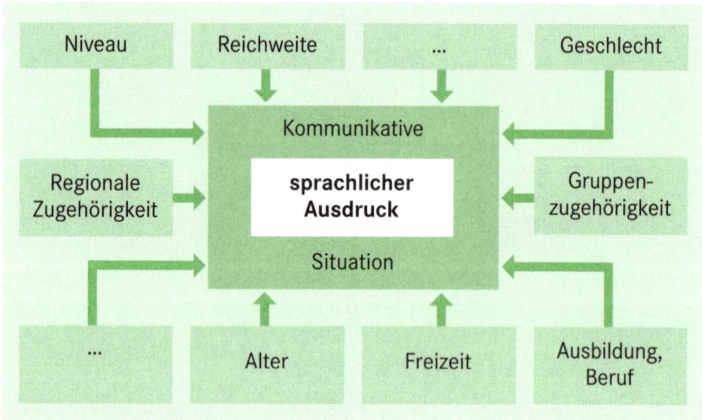

Jeder Mensch hat im Laufe seines Lebens und seiner individuellen Lebenserfahrungen auch seine eigene, individuelle Sprache ausgebildet ***(Idiolekt/Individualstil)***. Es gibt aber auch überindividuelle soziale Varianten des Sprachgebrauchs:

- ***Dialekt*** oder ***Mundart***, gebunden an Regionen oder Landschaften,
- ***Soziolekt***, gebunden an gesellschaftliche Gruppierungen und deren sprachliche Bedürfnisse (z. B. schnelle Verständigung, Herstellung von Gruppenzugehörigkeit durch sprachliche Übereinstimmung). Dazu gehören z. B. Berufs- und Fachsprachen, Gruppensprache der Jugendlichen, frauen- und männerspezifische Varianten des Sprachgebrauchs.

Standardsprache/Hochsprache/Gemeinsprache

Es gibt für diese am höchsten entwickelte Form der Sprache (in gesprochener Form: Sprechen nach grammatischen, lexikalischen und stilistischen Normen; Hochlautung/in geschriebener Form: eine Schriftsprache, die zu Beginn des 20. Jahrhunderts ihre grammatische und orthografische Normierung gefunden hat) drei unterschiedliche Bezeichnungen:

- ***Standardsprache:*** drückt eher den Bezug zu anderen Sprachvarianten aus,
- ***Hochsprache:*** drückt aus, dass es sich um eine vorbildliche Sprachvariante handelt,
- ***Gemeinsprache:*** drückt aus, dass diese Sprache als allgemeines Verständigungsmittel für die gesamte Sprachgemeinschaft gilt.

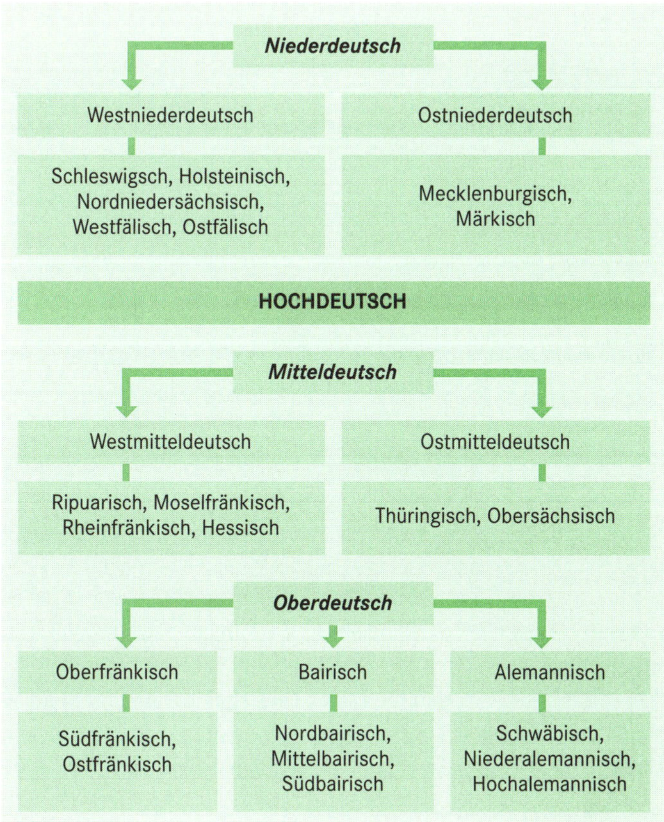

Diese Sprachvariante ist das Produkt eines langen historischen Prozesses; sie ermöglicht Kommunikation in allen Lebensbereichen, von vielen wird darin das Ideal der Sprachrichtigkeit und höheren Bildung gesehen.
Die Standardsprache, die heute von der Mehrzahl der deutschen Schreiber/Sprecher als gültiges Deutsch angesehen und im üblichen Sprachverkehr benutzt wird, lässt sich am besten in schriftlichen Sprachäußerungen bzw. in Nachrichtensendungen von Radio und Fernsehen nachvollziehen.
Die Herausbildung einer Standardsprache entsprang politischen Notwendigkeiten. Die sich herauskristallisierenden Einheitsstaaten bedurften auch einer einheitlichen Sprache - aus, neben und über den Dialekten. Durch die Einheitssprache wurden die Dialekte zurückgedrängt, weil sie für die komplizierten Formen schriftlicher Kommunikation (Geschäftsverkehr, Wissenschaft, Dichtung) nicht mehr in Betracht kamen.

Dialekt/Mundart

Mundart ist im Vergleich zur Gemeinsprache und zum Soziolekt die älteste der drei Sprachvarietäten. Sie wird vornehmlich gesprochen; ihre Orthografie und Grammatik ist nicht normiert, sie verändert sich leichter als die Standardsprache.

BEISPIEL oberfränkisch
Wou die Hasn Hosn haßn un di Hosn Husn haßn.

Die ***althochdeutsche Sprache*** (↗ S. 34) wurde in der Form verschiedener Mundarten besonders durch den geistlichen Stand vermittelt; Übersetzungen aus der Bibel in die althochdeutsche Mundart, in der das Kloster oder das Bistum lag, dienten der Missionierung des einfachen Volkes. Die mittelhochdeutsche Sprache als eine oberdeutsch gefärbte Variante wurde als ideale Sprachform vom höfischen Rittertum (↗ S. 36) geprägt. Die Entwicklung zur deutschen Standardsprache setzt um die Mitte des 14. Jahrhunderts ein, geht dabei zunächst von einer Vielzahl von Schreibdialekten aus und gelangt schließlich zu einer gemeinsamen Schriftsprache auf ostmitteldeutscher Basis. Einflüsse für diese Entwicklung zu einer Gemeinsprache sind vor allem

- die Geschäftssprachen der großen Verwaltungskanzleien in den Städten (↗ S. 38); Erfordernisse der Verwaltung und Rechtsprechung,

- Handelsinteressen der Städte, die zu Zentren für Verwaltung, Bildung und Kultur werden,
- die Erfindung des Buchdrucks mit beweglichen Lettern und die Wirkungen des gedruckten Wortes (↗ S. 38),
- die Bibelübersetzung Martin Luthers (↗ S. 38).

Der Begriff ***Hochdeutsch*** hat eine doppelte Bedeutung: Einmal ist damit heute Hochsprache/Standardsprache gemeint, zum anderen wird dies im Sinne der Sprache einer bestimmten Region verstanden: als eine regional gesprochene Mundart (im mitteldeutschen Bereich) neben dem Niederdeutschen und Oberdeutschen (↗ S. 23). Später entwickelte sich diese Mundart zum überregionalen Deutsch.

Heute kann Dialekt nicht mehr als Regionalsprache im vollen Sinne aufgefasst werden, sondern es geht

- um Restbestände in Bereichen, in denen die modernen Kommunikationsanforderungen weniger gefragt sind,
- um die Tatsache, dass die Sprache vieler Sprecher der Standardsprache durch den Dialekt beeinflusst wird.

(Regionale) Umgangssprache

Die Umgangssprache ist zwischen Gemeinsprache und Mundart anzusiedeln und meist regional gefärbt. Sie ist, wie die Mundart, hauptsächlich eine gesprochene Sprache. Sie ist oft überregional verständlich und aufgrund der Massenmedien und der Intentionen der Werbeindustrie in überregionalem Gebrauch. Sie zeigt aber oft regionale Kennzeichnungen und Varianten, an denen man den Sprecher erkennen kann: an der Intention und Färbung der Aussprache sowie am Wortschatz.

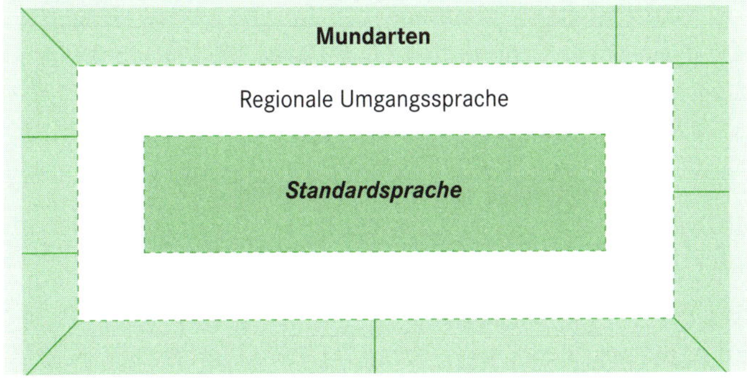

BEISPIELE

norddeutsch	süddeutsch
dreist	keck
Weißkohl	Weißkraut
Klöße	Knödel

Die Grenzen zwischen ***regionaler Umgangssprache*** und ***Mundart*** sind fließend. Die regionale Umgangssprache kann

- dem gemeinsprachlichen Ideal nahekommen (s. auch die Beispiele zu norddeutschen und süddeutschen Varianten der Wortwahl),
- deutlich auf die jeweilige Mundart bezogen sein.

Hierbei kann man z. B. auch unterscheiden

- nach enger Bindung an die Ortsmundart,

  BEISPIEL Raum Bielefeld

  Da kann ich nich chut ohne zu. (Ohne diese Sache komme ich nicht so gut zurecht.)

  Der is chut dabei. (Der ist gesund.)
- nach großlandschaftlicher Geltung, z. B. die schwäbische Umgangssprache, die obersächsische Umgangssprache, das Ruhrgebietsdeutsch (Kohlenpott).

  BEISPIEL Ruhrgebiet

  Also wissense, langsam wirtet ein ja richtich zu dumm.

  Seit einige Zeit binnich richtich mit mein Latein am Ende!

Gruppensprache und soziale Integration

Gruppensprachen heben durch sprachliche Mittel die Zusammengehörigkeit der jeweiligen Gruppe hervor; es handelt sich nicht um eine eigene Sprache, sondern um soziale Varietäten im Sprachgebrauch, z. B. *Jugendsprache*, geschlechtsspezifischer Sprachgebrauch von Männern und Frauen, der Sprachjargon von Fußballfans (z. B. Kasten), der Sprachgebrauch von Süchtigen (z. B. Schuss), Computersprache (Hardware, Software, Chat).

Unter den Gruppensprachen wirken die Geheimsprachen am stärksten isolierend, vgl. z. B. das Rotwelsch als Sprache der Gauner und Vagabunden (Kaschemme = Verbrecherkneipe).

BEISPIEL Jugendsprache ist eine Variante des sozialen Sprachgebrauchs (Soziolekt). Es gibt sie nicht als homogenes Gebilde oder eigene Sprache (vgl. oben), wohl aber hat sie einen eigenen Sprachstil,

der allerdings an bestimmte Gruppen bzw. Situationen gebunden ist und sich relativ schnell ändern kann.
Radikale Bewertungen der Jugendsprache als Sprache der Vereinfachung, Denkfaulheit, fehlender Sprachmoral, des restringierten Sprachverhaltens sind einseitig. Die große Verbreitung von Jugendsprache ist vor allem auf Werbeslogans („Echt spitze") oder Liedtexte moderner Musikgruppen zurückzuführen sowie auf die Offenheit der Generationengrenzen.

Allgemeine Kennzeichnung/Zusammenhang

- Schnelllebigkeit und Flexibilität,
- mediale Funktionalisierung: Jugendsprache als „Spielzeug" der Medien zur Steuerung der Massenkommunikation (Werbung, Videoclips, Musikgruppen, Comic, Spielfilm, TV-Show, Seifenoper); Massenmedien bedienen sich des Sprachmaterials, sind zugleich aber auch Sprachspender und Sprachvertreter.

Sprachliche Merkmale

- Radikale „Sprechsprache" mit Gesprächspartikeln (ey, hi),
- Anglizismen (cool); Vulgarismen, Neologismen und expressive syntaktische Reduzierungen (Dröhnung, voll geil),
- Verwendung allgemeiner Formulierungen (irgendwie),
- sondersprachliche Gruß- und Anredeformeln (hi; hey; Was geht, Alter?); diese dienen der Festigung der Gruppenzugehörigkeit und der Abgrenzung gegenüber dem „normalen" Sprachgebrauch Erwachsener,
- Reduzierungen und Vereinfachungen im Vergleich zum Alltag („schleich"),
- intensivierende Ausdrücke (brutal geil, echt total supergeil),
- bilderreiche Sprache (Münzmallorca für Solarium, Taschentiger für Katze),
- elliptische Sprechweise („Auf jeden!" statt „Auf jeden Fall!"),
- gebräuchliche Wörter mit neuem Sinn (Biotonne für Vegetarier).

Fachsprache

Die Fachsprachen/Expertensprachen/Berufssprachen sind sachorientiert, um das jeweilige Fachgebiet exakt beschreiben zu können. Den Kern einer Fachsprache bildet die Terminologie.

BEISPIELE Medizin (Karzinom, Encephalitis), Wirtschaft (Marketing, Dax, Wachstumszyklus), Fußball (Freistoß, Abseits), Seemannssprache (Lotse, Luv).

Bei der Entstehung von Fachsprachen verbinden sich
- das Bedürfnis nach möglichst präziser und einfacher Verständigung,
- gruppenpsychologische Mechanismen (Zugehörigkeit zu einer Berufsgruppe bzw. Ausgrenzung von Menschen, die nicht zu dieser Gruppe gehören).

Der Gebrauch von ***Fachbegriffen*** kann
- sachlich notwendig und dadurch eine Erleichterung sein.
  BEISPIEL Zwei Ärzte unterhalten sich in Gegenwart des Patienten über dessen Krankheit.
- als Imponiergehabe in Erscheinung treten.
  BEISPIEL Die Verwendung des für Laien unverständlichen Fachbegriffes *fungizid* (für pilztötend) auf Etiketten von Medikamenten.

In den folgenden Texten wird mit der Fachsprache der Bürokratie und der Mathematik gespielt (hier wird die Fachsprache zum Jargon):

▶ **ZITAT**
Im Kinderanfall unserer Stadtgemeinde ist eine hierorts wohnhafte, noch unbeschulte Minderjährige aktenkundig, welche durch ihre unübliche Kopfbekleidung gewohnheitsrechtlich Rotkäppchen genannt zu werden pflegt ...

Es war einmal ein Mädchen, dem wurde eineindeutig eine rote Kappe zugeordnet, wodurch es als Rotkäppchen definiert wurde.

(Aus: Die Geschichte vom Rotkäppchen, Göttingen 1997)

Die folgenreichste Errungenschaft unserer Zeit ist der ***Computer***; neue Fachbegriffe aus dem Bereich der Computerindustrie stammen fast durchgängig aus dem Angloamerikanischen (browser, cyberspace, homepage, online, server, web). Der Wechsel von Wörtern aus der Fachsprache der Computerindustrie in die Standardsprache geht ständig vor sich.

BEISPIELE Das Nomen *Computer* ist heute ein Wort der Gemeinsprache, ebenso *Internet, Hardware, Software, faxen*. Die Übernahme aus dem Englischen geht in unterschiedlicher Weise vor sich:
- Lehnübersetzungen (z. B. Fenster auf dem Bildschirm des Computers, Druckertreiber, Grafiktablett, Speicherplatz),

- Fremdwörter als Internationalismen (z. B. aktivieren, formatieren, Diskette, Option),
- Fremdwörter, die direkt aus dem Englischen übernommen sind (Scanner, Desktop, Cursor),
- Abkürzungen, die auf unübersetzte englische Wörter zurückgehen (PC, MS-DOS, RAM-Disc),
- Komposita, die im Wortstamm Fremdwortteile enthalten und die nach den Regeln des Englischen gesprochen werden (z. B. Zeilendisplay, Compilersprache, Kleincomputer).

Stilarten

Als Stil bezeichnet man die charakteristische Eigenart und sprachliche Besonderheit einer Ausdrucksweise. Unterschiedliche Stiltypen wie Nachrichtenstil, Stil der Verwaltungssprache, Predigtstil, akademischer Stil sind durch bestimmte Stilmerkmale geprägt. Im Hinblick auf Wortart und Satz spricht man von:

- Nominalstil (hoher Anteil von Nomen),
- Verbalstil (hoher Anteil von Verben),
- parataktischem Stil (vorwiegend Satzreihungen),
- hypotaktischem Stil (vorwiegend Satzgefüge).

Zum Stil eines Textes tragen auch die sprachlich-rhetorischen Mittel im Bereich des Wortschatzes (Modewort, Fremdwort, Archaismus, Euphemismus etc.) und die rhetorischen Mittel im Bereich des Satzes (Inversion, Parataxe, Ellipse, Chiasmus, Parenthese etc.) bei.
Stilebenen können als „höher" oder „niedriger" empfunden werden. Als Grundsatz kann gelten: Der sprachliche Code ist umso elaborierter, je gehobener die Stilebene ist. Die Stilebene wird wesentlich von der Wortwahl bestimmt; auch Satzbau, Klang und Rhythmus sowie unterschiedliche sprachliche Varietäten (Fachsprache, Gruppensprache, Jargon) können zum Stilniveau eines Textes beitragen.

Stilschicht	Beispiel
dichterisch/poetisch	dahinscheiden
gehoben	ableben
normalsprachlich	sterben
salopp/umgangssprachlich	abkratzen
jargonhaft (oft jugendsprachlich)	Abgang machen/Löffel abgeben
derb/vulgär	verrecken

Neben den Stilschichten gibt es im Sprachgebrauch ***Stilfärbungen***, die bestimmte Gefühle anzeigen:

BEISPIELE

vertraulich	einen lieben Gruß
scherzhaft	Adamskostüm
altertümelnd	das Weite suchen
übertrieben	unverschämt reich, unglaublich hübsch
spöttisch/ironisch	neunmalklug
wertend	aufgetakelt
beschimpfend	Esel, Schwein

Auch für das eigene Schreiben spielen Stil und Ausdruck eine nicht unwichtige Rolle. Folgende stilistische Mängel sollten beim Schreiben vermieden werden:

- *gedankliche Fehlleistungen*, z. B. Widerspruch, Denkfehler, unlogischer Satzanschluss, Tautologie (gedankliches Auf-der-Stelle-Treten),
- *unkontrollierte Ausdrucksweisen*, z. B. sinnwidriger Wortgebrauch, Wortverwechslung, Worterfindung, unpassende Wortverwendung, unpassendes sprachliches Bild, Pleonasmus, zu allgemeiner Ausdruck, Stilbruch,
- *Konstruktionsfehler*, z. B. Satzbruch, Fehler im Satzbau, Grammatikfehler.

Die poetische Sprache der Literatur

Die poetische Sprache ist eine stilistische Form der geschriebenen ***Hochsprache***. Sie zeichnet sich in der Regel durch besonders sorgfältige sprachliche Formulierungen aus (Wortwahl, Satzbau, Bildlichkeit, Symbolik, Sprachebene). Dies ist insbesondere in Gedichten der Fall, die sich durch sprachliche Konzentration, Intensität und formale Gestaltungselemente (Versmaß, Rhythmus und Reim) auszeichnen.

In der Sprach- bzw. Literaturgeschichte gab es Zeiten, in der durch die Dichter eine einheitliche, als ideal angesehene schriftliche Literatursprache entwickelt wurde, sodass die Dichtung (allerdings nur für eine ganz bestimmte Gruppe von Menschen) als besonders beispielhafte Form geschriebener Sprache galt, unter anderem zur Zeit des Mittelhochdeutschen (↗ S. 36) oder auch zur Zeit der Weimarer Klassik (↗ S. 113).

▶ ZITAT

Mondnacht

Es war, als hätt der Himmel
Die Erde still geküsst,
Dass sie im Blütenschimmer
Von ihm nun träumen müsst.
(...)

(Joseph von Eichendorff, 1837)

Mehrsprachigkeit

Mehrsprachigkeit bezeichnet die Fähigkeit, mehr als eine Sprache zu sprechen. Man bezeichnet dies auch als *Bilingualismus* und *Multilingualismus*. Im Zusammenhang mit der Globalisierung und gesellschaftlichen Veränderungen wird Mehrsprachigkeit immer wichtiger:

- Für Migranten, die in fremden Sprachgebieten leben, ist Mehrsprachigkeit oft lebenswichtig.
- Für viele Arbeitsplätze ist sie eine Voraussetzung.

In der Wissenschaft, Technik und Wirtschaft entstehen neue Fachsprachen und globale Codes, die aus Elementen englischer Sprache und anderer Sprachen gebildet werden. Die Kenntnis dieser Codes kann bilingualen Sprechern sowohl ökonomische als auch soziale Vorteile verschaffen.

Sprachmanipulation

Man spricht von Sprachmanipulation, wenn Denken, Meinungen, Verhalten von Menschen mithilfe sprachlicher Mittel beeinflusst werden. Durch eine besondere Wortwahl wird versucht, unterschwellig eine zustimmende oder ablehnende Einstellung zu bewirken.

Eine wesentliche Bedeutung haben dabei die Massenmedien, die zum Zwecke der Beeinflussung instrumentalisiert werden. Typisch ist die Vorgehensweise für den Bereich der Werbung (↗ S. 61 - 64), die allerdings eher positive sprachliche Klischees für ihre Intentionen nutzt, und für die propagandistisch-werbende Verbreitung politisch-weltanschaulicher Ideen. Bei der Sprachmanipulation werden rhetorische Figuren (↗ S. 78 - 80) bewusst und geplant eingesetzt, um Zuhörer bzw. Leser zu manipulieren, d. h. unterschwellig daran zu hindern, sich eine eigene Meinung zu bilden.

BEISPIELE Es ist ein Unterschied, ob man in neutraler Weise von Migranten spricht oder von einer „Migrantenflut“: Das Wort *Flut* ist kein neutrales sprachliches Bild, sondern bezeichnet vor allem etwas Bedrohliches.

In der Zeit der nationalsozialistischen Diktatur (↗ S. 41–42) erreichte die Manipulation der Menschen durch Sprache einen Höhepunkt, vor allem aufgrund der gleichgeschalteten Medien.

1.4 Sprachgeschichte und Sprachwandel

Bei der Betrachtung der Sprache unterscheidet man im Allgemeinen als Verfahren

- die ***synchrone Sprachbetrachtung:*** Diese untersucht den Zustand eines funktionierenden Sprachsystems zu einem bestimmten Zeitpunkt. Sie befragt z. B. unsere Gegenwartssprache daraufhin, mit welchem Inventar von Sprachelementen und mit welchen Regeln sie funktioniert (Querschnitt).
- die ***diachrone Sprachbetrachtung:*** Sie untersucht die Entwicklung einer Sprache durch verschiedene Zustände und Epochen hindurch (Längsschnitt).

Man nimmt an, dass die europäischen Sprachen auf eine indoeuropäische Sprache zurückgehen. Dies wird u. a. aus Ähnlichkeiten von Sprachelementen erschlossen.

BEISPIEL das Wort *Mutter*

altindisch	matar
englisch	mother
französisch	mère
niederländisch	moeder
italienisch	madre

Eine Ursache des ***Sprachwandels*** ist die Sprachmischung. Keine unserer Sprachen ist ein autonomes, aus einem Block bestehendes System. Jeder Wandel ist insofern zu bejahen, weil er nichts als eine notwendige Anpassung an das gewandelte Sprachbewusstsein ist. So wird im heutigen Sprachgebrauch die Konjunktivform nicht selten durch eine Ersatzform mit *würde* ersetzt:

Er sagte, sie würden kommen statt *Er sagte, sie kämen*.

Insofern ist es kaum sinnvoll zu werten, z. B.

- die Sprache sei ursprünglich primitiv und komme im Verlaufe ihrer Entwicklung zu immer größerer Differenzierung,
- die Sprache sei ursprünglich vollkommen, würde aber zunehmend verfallen und damit flacher und primitiver.

Die Vorstellung von einer reinen Sprache ist eine Illusion: Zu jedem Zeitpunkt ihrer sprachlichen Entwicklung ist eine Sprache ihrem Zweck angemessen.
Da sich die Welt sehr schnell verändert, ändert sich mit ihr unsere Vorstellung von der Welt und damit unsere Sprache. In älteren Texten entdeckt man oft Wörter, die man nicht mehr kennt, in aktuellen Texten Wörter, die man noch nicht kennt.
Nicht jede sprachliche Neuerung weist bereits auf einen Sprachwandel hin; davon kann erst gesprochen werden, wenn viele Menschen über längere Zeit die gewandelte Sprachform verwenden. Urheber dieses Wandels sind nicht Einzelne, sondern die Sprachgemeinschaft (alle Sprecher und Schreiber einer Sprache).
Die Sprachhistoriker decken die Ursachen, nämlich veränderte Lebensbedingungen und Interessen, auf. Jede von ihnen vorgenommene *sprachliche Periodisierung* ist künstlich, weil sich Sprachen nicht einheitlich entwickelt haben und daher die Übergänge zwischen den einzelnen Perioden der Entwicklung fließend sein müssen.

Die herkömmliche Einteilung der deutschen Sprachgeschichte geht auf Jacob Grimm (1785 - 1863) und auf die Anfänge der Germanistik zurück. Diese Einteilung legt vor allem lautliche Veränderungen zugrunde; es können auch Änderungen des Wortbestandes, des Satzbaus sowie Kriterien der Gesellschaft, der allgemeinen Geschichte und der Literaturgeschichte einbezogen werden.

Zur Zeit der großen germanischen Völkerwanderung (etwa 370 - 570 n. Chr.), als die Germanen (Franken, Goten, Burgunder) die ersten großen Reiche bildeten, umfasst das Germanische

- das Westgermanische (u. a. das spätere Deutsche, Englische),
- das Nordgermanische (u. a. das spätere Norwegische, Schwedische),
- das Ostgermanische (u. a. das Gotische).

Im 6. - 7. Jahrhundert entwickeln sich die einzelnen germanischen Sprachen auseinander.

Die in mundartlicher Hinsicht zu machenden Unterscheidungen zwischen *Niederdeutsch* und *Hochdeutsch* weisen über den deutschen Sprachraum hinaus. Durch die hochdeutsche Lautverschiebung, die sogenannte 2. Lautverschiebung, werden z. B. die vorhochdeutschen Wörter *ik, maken, dorp, da* zu *ich, machen, Dorf, das*. Diese hochdeutsche Lautverschiebung macht das Niederdeutsche nicht mit; dies hat das Niederdeutsche mit anderen germanischen Sprachen wie dem Englischen gemeinsam (make - machen; that - das). Der englische Satz *the door is open* wird in den niederdeutschen *Dialekten* ähnlich gesprochen.
Die heutige deutsche Standardsprache entwickelt sich dann später auf ostmitteldeutscher (d. h. hochdeutscher) Grundlage (↗ S. 38).

Althochdeutsche Sprache (um 750 – 1050)

Der Begründer des Frankenreiches ist Chlodwig (König von 482 - 511). Im Jahre 486 besiegt er den letzten römischen Statthalter in Gallien. Weitere germanische Stämme (Alemannen, Westgoten) werden in das Reich eingegliedert. Unter Karl dem Großen (768 - 814) hat das Frankenreich seine größte Ausdehnung (von den Pyrenäen bis zur Nordsee, vom Atlantik bis zum heutigen Ungarn). Karl dem Großen gelingt es, die Sachsen, den letzten heidnischen Germanenstamm, zu unterwerfen und mit Gewalt zum Christentum zu bekehren. Die Enkel Karls des Großen teilen das Reich auf. Die deutschen Stämme bilden im 10. Jahrhundert unter den Ottonen ein „deutschsprachiges" Reich.
Das Adjektiv *deutsch* hat seinen Ursprung nicht in einem Stammesnamen, es kommt etymologisch über althochdeutsch *diutisc* und mittelhochdeutsch *diutisch* vom germanischen Substantiv *thiot* (Volk). Es heißt also *zum Volk gehörend*. Die *Einheitssprache* des christlichen Europa bleibt bis etwa 1100 die *lateinische Sprache*. Das Deutsche tritt nach der Großen Völkerwanderung nicht als einheitliche Sprache auf, sondern in der Sprache einzelner Stammesverbände bzw. Völkerschaften (z. B. das Sächsische oder Alemannische).

Merkmale im Überblick

- Etwa 2 Mio. „deutschsprachige" Menschen (zum größten Teil nicht schreibkundig) leben zu dieser Zeit.
- Der schriftliche Gebrauch des Deutschen wird besonders durch Karl den Großen gefördert.

- Schreiben und Lesen beherrschen fast nur die Geistlichen; überlieferte schriftliche Texte sind daher vor allem die Texte der Geistlichen.
- Das Lateinische als Schriftsprache ist Amts-, Gelehrten- und Kirchensprache.
- Klöster sind die wichtigsten Stätten kulturellen Lebens.

Im Dienste der Missionierung entwickelt sich unter Einfluss des Lateins aus der bislang nur gesprochenen Volkssprache eine althochdeutsche Schreibsprache, die aber aufgrund der verschiedenen Dialekte unterschiedlich und uneinheitlich ist.

Die Schreibsprache ist notwendig zur kirchlichen und verwaltungstechnischen Eingliederung der missionierten Menschen und zur Durchführung der Mission. Bei der Übernahme germanischer Begriffe kommt es auch zu Umdeutungen.

BEISPIEL Hölle
ursprünglich: germanisches Totenreich
neue Bedeutung im christlichen Sinne: Ort der Pein und Qual für alle Sünder

Lateinische Übersetzung (des ursprünglich griechischen Neuen Testaments)
Pater noster, qui es in cœlis, sanctificetur nomen tuum. Adveniat regnum tuum.
Althochdeutsch (9. Jh.)
Fater unser, thu in himilom bist, giuuihit si namo thin. quaeme richi thin.
Mittelhochdeutsch (um 1230)
Got vater unser, dâ dû bist in dem himelrîche gewaltic alles des dir ist, geheiligt sô werde dîn nam, zuo müeze uns komen daz riche din!
Neuhochdeutsch (Martin Luther, 1520)
Vatter unßer, der du bist im hymell. Geheyliget werde dein name. Zu kome dein reych.

Die Sprachentwicklung vom Althochdeutschen zum Neuhochdeutschen machen diese Übersetzungen der Bibel deutlich.

- Ebenso kommt es zu ***Lehnwortbildungen*** aus dem Lateinischen.

BEISPIELE	papa > Papst	magister > Meister
	crux > Kreuz	poenia > Pein

Die aus dieser Zeit überlieferten Texte sind in einer ostfränkischen Mundart geschrieben. (Zum althochdeutschen Schrifttum ↗ S. 89 – 90)

Mittelhochdeutsch (um 1050 – 1350)

Gegenüber der althochdeutschen Zeit zeigt die Gesellschaft des hohen Mittelalters einen differenzierteren Aufbau. In einer mehrere Jahrhunderte dauernden Entwicklung hat sich der Feudalismus ausgebildet und gefestigt. Während das frühe Mittelalter noch geprägt ist vom starken Einfluss der Kirche, entsteht im Hochmittelalter eine neue weltlich-ritterliche Kultur mit der Dichtkunst und Literatursprache als entscheidendem Merkmal. Von großer Bedeutung ist die Entstehung des Ritterstandes; dieser ist Träger der Kultur und strenger ethischer Normen. Diese *ritterlich-höfische Kultur* ist bestimmend für die Zeitepoche vom 11. – 14. Jahrhundert, unter den Stauferkaisern erlebt sie ihren Höhepunkt. (Zur Minnelyrik ↗ S. 92 – 93)

Entwicklung im Überblick

- Es ergeben sich häufige Kontakte mit anderen Ländern und Kulturen (wirtschaftlich bedingt durch Zunahme des Fernhandels, religiös bedingt durch die Kreuzzüge).
- Verschiedene Volkssprachen werden häufiger auch geschrieben; auch außerhalb des kirchlichen Rahmens entwickelt sich eine eigene Kultur.
- Der Ritterstand entwickelt die erste einheitliche schriftliche Literatursprache. Um auch an anderen Höfen verstanden zu werden, werden in dieser höfischen Dichtung des klassischen Mittelhochdeutschen (höfischer Roman, der die Wertvorstellungen und Verhaltensnormen des neuen Ritterstandes erzählerisch gestaltet, und höfische Lyrik / Minnelyrik, in der ein Gegenbild zu altadeligem Sexualverhalten gezeichnet wird) Dialektausdrücke vermieden, zumal diese auch im Widerspruch zu dem verfeinerten Formwillen der höfischen Kultur stehen: Die Texte der ***Minnelyrik*** werden dem höfischen Publikum mündlich dargeboten. Im Alltag wird in Mundart gesprochen bzw. geschrieben, wahrscheinlich auch von den Rittern. Die übrige Bevölkerung spricht ohnehin in Mundart.

- Nach dem Niedergang der höfisch-ritterlichen Kultur des Minnesangs verschwindet diese Kunstsprache und zugleich erste deutsche Gemeinsprache (mit einer allerdings sehr schmalen sozialen Basis) wieder aus der Literatur. Auch wenn diese Sprache ihre soziale Geltung verliert, so fördert sie doch insgesamt den Prozess der Verschriftlichung einer Volkssprache; sie bedeutet zudem eine Emanzipation vom Lateinischen, der Schriftsprache des Mittelalters schlechthin. Die sprachschöpferische Leistung der ersten überregionalen Schriftsprache kann man mit der Luthers (↗ S. 38) bzw. der Goethezeit (↗ S. 113–118) vergleichen.

An die Stelle dieser ersten deutschen Gemeinsprache treten wiederum die ***Dialekte*** einzelner Landschaften bzw. von Bürgern getragene Erscheinungsformen (z. B. die Geschäftssprachen der städtischen Kanzleien). Im Spätmittelalter erhält das Bürgertum aufgrund des Aufblühens der Städte eine zunehmende Bedeutung.

- Die französische Kultur wird als beispielgebend angesehen; deshalb werden Wörter *aus dem Französischen* übernommen und eingedeutscht.

  BEISPIELE Turnier, Abenteuer, Tanz
- Zur Zeit der Kreuzzüge kommen aus dem arabischen Orient mit begehrten Waren bestimmte Wörter *aus dem Arabischen* nach Deutschland, die zum Teil noch heute im Gebrauch sind.

  BEISPIELE Zimt, Kümmel, Safran, Kaffee, Limonade, Taft, Damast, Atlas, Mohair
- Auch findet eine ***Bedeutungsverschiebung*** der mittelhochdeutschen Ausdrücke statt.

  BEISPIELE

mittelhochdeutsch		heute
arebeit	Mühsal	Arbeit
hochgezît	Fest	Hochzeit
maget	Magd	Mädchen
hoher muot	edle Gesinnung, gepaart mit einem hohen Selbstgefühl	Hochmut
vrouwe	Herrin (verheiratete adelige Frau)	Frau

(Zur mittelhochdeutschen Dichtung ↗ S. 90–94)

Frühneuhochdeutsch (um 1350 – 1650)

Um 1350 ist die Ostkolonisation abgeschlossen; bis zum Jahre 1945 bleibt diese östliche Sprachgrenze bestehen. In den besetzten und kolonisierten Gebieten entstehen neue Mundarten.

Zu Beginn der frühneuhochdeutschen Zeit gewinnen die großen Städte als Zentren der fürstlichen Verwaltungen (Kanzleien) für Kultur und Bildung größere Bedeutung (z. B. Köln, Straßburg, Nürnberg, Zürich). Zu Beginn der frühneuhochdeutschen Zeit kann die Masse der Bevölkerung (ca. 90 %) noch nicht lesen und schreiben.
Reformation, Bauernaufstände und Gegenreformation vertiefen die religiösen und machtpolitischen Gegensätze und führen zum Dreißigjährigen Krieg (1618 – 1648). Die Erfindung des Buchdrucks mit beweglichen Lettern durch Johannes Gutenberg um 1440 sorgt für eine schnelle Verbreitung von Geschriebenem. Die Ideen, die dem Bauernkrieg und der Reformation zugrunde liegen, werden in Flugblättern verbreitet und vorgelesen.

Entwicklung im Überblick

- In den Städten des 14. Jahrhunderts führt das Streben nach verwaltungstechnischer Vereinheitlichung zwischen den Dialekten zu ersten überregionalen *Kanzleisprachen*. Aus den Erfordernissen des Geschäfts, der Politik, der Verwaltung (z. B. Stadtchronik, Steuerlisten, Aufzeichnung des Stadtrechts) erwächst ein lebhafter Schriftverkehr zwischen den Kanzleien der Städte und der Fürstenhöfe. Dabei wirkt vor allem die ostmitteldeutsche Meißner Kanzlei (Sachsen) als Vorbild; an der Entwicklung mehrerer Schreibsprachen hat auch der Buchdruck Anteil.
- Martin Luther schließt sich bei seinen sprachlichen Tätigkeiten (vor allem bei seiner Bibelübersetzung) den ostmitteldeutschen Schreibtraditionen an, sodass diese Schreibsprache gegenüber anderen Schreibsprachen eine weite Ausbreitung und besonderes Ansehen gewinnt. Luther bemüht sich zudem um einen verständlichen Stil, bei dem er sich auch an der gesprochenen Volkssprache orientiert (Metaphorik, Redensarten, Sprichwörter). Seine Sprache wirkt in einem normativen Sinn; die ***Reformation*** insgesamt stärkt die Stellung der deutschen Sprache gegenüber dem Lateinischen und trägt damit zu einer Verbreitung der ostmitteldeutschen Variante in ganz Deutschland bei.

- Es gibt in dieser Zeit keine einheitliche Rechtschreibung und keine einheitliche Beachtung grammatischer Normen. Luther schreibt z. B. *war* für *wahr*, *kriegisch* für *griechisch*, *unzehliche* für *unzählige*, als Perfektform bildet er *habe troffen* für *habe getroffen*.
- Das Latein bleibt die Sprache von Schule, Wissenschaft und kirchlicher Liturgie; erst im 18. Jahrhundert setzt sich Deutsch als Unterrichtssprache an den Universitäten durch.
- Der ***Humanismus***, eine geistige Strömung aus Italien, befestigt zunächst die Stellung des Lateins, die Anzahl der lateinischen und griechischen Fachausdrücke schwillt stark an.

  BEISPIELE Autor, Exemplar, Initiale, Faksimile, Kolumne
- Die wirtschaftlichen und wissenschaftlichen Entwicklungen im Spätmittelalter lassen Sonderwortschätze entstehen.

  BEISPIELE

  Kaufmännischer Bereich: Hanse, Kaufmannschaft, Schuldner
  Seefahrt: Bug, Mast, Ruder, Segel, Steven
  Druck: Korrektur, Makulatur
  Mathematik: multiplizieren, Produkt

(Zur Literatur zur Zeit der Reformation ↗ S. 97)

Neuhochdeutsch (um 1650 – 1900)

- In dieser Zeit wird intensiv an der *Normierung* der deutschen Sprache gearbeitet (Sprachgesellschaften ↗ unten).
- Nach dem Dreißigjährigen Krieg überwiegt der *französische Einfluss* (Ludwig XIV.). In den gehobenen Kreisen gilt es als vornehm, Französisch zu sprechen. Eine große Anzahl französischer Lehnwörter hat sich bis heute erhalten.

  BEISPIELE *Küche:* Bouillon, Omelette, Ragout
  Mode: Kostüm, Parfüm, Perücke
  Wohnkultur: Balkon, Salon, Gardine, Büfett
- Im 17. Jahrhundert verstärkt sich der Einfluss der deutschen Nationalsprache: Deutsche ***Sprachgesellschaften*** wie die „Fruchtbringende Gesellschaft“ in Weimar haben sich zum Ziel gesetzt, die Sprache zu normieren und sie von fremden Einflüssen zu „reinigen“ und damit eine deutsche Literatursprache zu schaffen (Martin Opitz ↗ S. 100). Bei dem Bemühen der Sprachgesellschaften kommt es auch zu Übertreibungen.

  BEISPIELE *Tageleuchter* für *Fenster*; *Dichtmeister* für *Poet*.

- Es werden damals allerdings auch Begriffe gebildet, die noch heute im Gebrauch sind.
  BEISPIELE *Anschrift* für *Adresse*; *Mitlaut* für *Konsonant*; *Selbstlaut* für *Vokal*, *verwirklichen* für *realisieren*, *Zerrbild* für *Karikatur*

- Im Zeitalter der ***Aufklärung*** sind die Bemühungen zur Normierung der geschriebenen Sprache erfolgreich. Damit setzt sich die ostmitteldeutsche Variante der Schriftsprache (↗ S. 38) schneller durch, auch in Österreich und Bayern. Einen bedeutenden Anteil daran hat J. Chr. Gottsched (↗ S. 107).

- In der 2. Hälfte des 18. Jahrhunderts wird die *Dichtung* von entscheidender Bedeutung für die einheitliche Entwicklung der deutschen Schriftsprache(↗ S. 116 – 117). Die Sprache der Dichter gilt in Stil und Wortwahl als Vorbild der Hochsprache. Die geistigen Strömungen hinterlassen ihre Spuren im Wortschatz.
  BEISPIELE *Aufklärung:* Vernunft, Toleranz, Weltbürgertum
  Pietismus: Erleuchtung, Innigkeit, durchglühen
  Sturm und Drang: Genie, Volkslied, Volksseele, Wehmut
  Romantik: geheimnisvoll, Schicksal

- Um 1800 ist die Schaffung einer deutschen Literatur- und Schriftsprache zu einem relativen Abschluss gekommen. In der Schreibweise gibt es noch keine Einheitlichkeit. Dies wird durch die damalige staatliche Zersplitterung erschwert (1815 gibt es in Deutschland 34 erbliche Monarchien und 4 freie Städte). Im Jahre 1800 sind noch etwa 4 % der gedruckten Bücher in Latein abgefasst. Zum Vergleich: 1570 waren es ca. 70 %, 1780 ca. 17 %.

- Durch die *Entwicklung der Zeitungen und Zeitschriften* wird allmählich ein breiteres Publikum (zumindest passiv als Leserschaft) mit der Schriftsprache vertraut. Zum Vergleich: Im Jahre 1750 kommt ein Zeitungsexemplar auf 225 Einwohner; 1850 kommt ein Exemplar auf 30 Einwohner.

- Durch wirtschaftliche und politische Einflüsse sowie Übersetzungen englischer Literatur nimmt die Bedeutung *englischer Lehnwörter* im 19. Jahrhundert zu.
  BEISPIELE *Wirtschaft:* Lokomotive, Streik
  Gesellschaftliches Leben: Smoking, toasten, Klub
  Sport: Match, Trainer, Tennis

- Wörter aus dem Bereich *Wissenschaft und Technik* werden aus lateinischen und griechischen Spracheinheiten gebildet und finden als Internationalismen weite Verbreitung.
  BEISPIELE Kommunismus (lat. communis = gemeinsam)
  Automobil (griech. Autós = selbst; lat. mobilis = beweglich)

- Nach der Reichsgründung (1871) gelingt eine zunehmende *Vereinheitlichung von Aussprache und Orthografie* (vgl. Konrad Dudens „Orthographisches Wörterbuch", 1880). Im Jahre 1901 schließen sich die Schweiz und Österreich diesem Regelwerk der deutschen Rechtschreibung an. (Entwicklungen in der Literatur ↗ S. 103)

Entwicklungen im 20. Jahrhundert

Sprachlenkung während der nationalsozialistischen Herrschaft (1933–1945)

Von einer nationalsozialistischen Sprache kann man nicht reden. Allerdings haben die Nationalsozialisten die Gemeinsprache im Sinne ihrer Ideologie verfälscht und für ihre Interessen missbraucht. Teilweise knüpfen die Nationalsozialisten an nationalistischen Sprachstil der Kaiserzeit an. Auch wird „positives" Wortgut aus älterer Zeit (z. B. aus der Zeit der Romantik) in den Vordergrund gerückt und mit nationalsozialistischen Vorstellungen verbunden. Die ***Ideologie*** der Nationalsozialisten und entsprechende Sprachmanipulationen (↗ S. 31) gewinnen in dieser Zeit einen starken Einfluss. Wichtige Ideologieaspekte zeigen sich vor allem in der Sprache.

BEISPIELE

- *Rassenideologie* (Judentum als Antirasse; Antisemitismus): Rassefremder, Rassegesetze, Arier, Nichtarier, Halbarier, Aufnordung, Judenausrottung, Blutschande
- *Ideologie von Kampf und Gewalt:* Reichsberufswettkampf, Ordensburg, ausradieren, Blitzkrieg, einsatzbereit
- *Führerideologie* (Führerkult, Unterordnung, Dienstbereitschaft und Gläubigkeit gegenüber dem Führer): Gefolgschaft, Fahnenschwur
- *Gemeinschaftsideologie* („Du bist nichts, dein Volk ist alles"): gesundes Volksempfinden

Die ***Sprache*** erhält während der nationalsozialistischen Herrschaft die Funktion, Emotionen zu wecken. Mithilfe der von der Ideologie durchsetzten Sprache wird die Wahrnehmung der Wirklichkeit entstellt. Die

Argumentation im totalitären Kontext ist auf Lüge und Verbergen der gesellschaftlichen Wirklichkeit aufgebaut; Sprachmuster der Dialektik, des Infragestellens, der Zweidimensionalität sind nicht gefragt.

Einige wichtige sprachlich-rhetorische Mittel im nationalsozialistischen Sprachgebrauch (z. B. in Reden oder in der Literatur) sind:

- Häufung des Ausdrucks als rhetorisches Verstärkungsmittel:
  eigenstes und totales Erlebnis; Deutschtum und Deutschheit,
- Übertreibungen (Superlativismus):
  totaler Krieg, tausendjähriges Reich, Großdeutschland,
- falsches Pathos und Schwulst:
  „... Heute wird das Starke, das Tröstliche, das Gläubige, das stille feste Dennoch im Mittelpunkt stehen ...“,
- ***Euphemisierung*** von Begriffen:
  Endlösung der Judenfrage = der Massenmord an den Juden; Sonderbehandlung = die systematisch geplante Tötung von Menschen, die als rassisch minderwertig angesehen werden,
- Wiederholung, Worthäufung, Übermaß an rhetorischen Stilmitteln:
  „... Und das ist Geist von unserem Geiste, das ist unsere Entschlossenheit, unsere Härte, das ist die Repräsentation des Lebens unserer Rasse.“

Im Sinne der Ideologie erhalten im Nationalsozialismus bestimmte Wörter eine neue Bedeutung.

BEISPIELE

Blutvergiftung = Verfallserscheinung in Völkern und Rassen
rücksichtslos = erhält in der Sprache des Nationalsozialismus vielfach einen positiven Sinn und bedeutet dann so viel wie *zielstrebig, energisch*. Auf die Gegner bezogen behält das Wort nach wie vor seine negative Bedeutung.
Hass = „der heldische Hass der nordischen Rasse“ steht in starkem Gegensatz zum „feigen Hass des Judentums“.

▶ ZITAT

Es wird gebeten, das Wort *Propaganda* nicht mehr missbräuchlich zu verwenden. Propaganda ist im Sinne des neuen Staates gewissermaßen ein gesetzlich geschützter Begriff und soll nicht für abfällige Dinge Verwendung finden ... kurzum – Propaganda nur dann, wenn für uns, Hetze, wenn gegen uns.

(Anweisung des Reichspropagandaministeriums an die Presse vom 28. 7. 1937)

Zum politischen Sprachgebrauch in den beiden deutschen Staaten ab 1949

Ziel des politischen Sprachgebrauchs ist es, die Menschen zu beeinflussen. Dies gilt gleichermaßen für die Deutsche Demokratische Republik (DDR) wie für die Bundesrepublik Deutschland (BRD).
Typisch für den politischen Sprachgebrauch in der DDR ist, dass es nur *eine* offizielle ***politische Sprache*** gibt. Durch die Massenmedien mit ihrer besonderen Funktion für politische Agitation und Propaganda, die Schulbücher und Wörterbücher hat diese Sprache in der DDR einen prägenden Einfluss ausgeübt.
Im Gegensatz dazu gibt und gab es in der Bundesrepublik Deutschland mehrere politische Gruppensprachen, die miteinander konkurrieren. Zwar wird auch in der Bundesrepublik durch die Massenmedien öffentlicher Sprachgebrauch verbreitet; der charakteristische Unterschied liegt aber in der Monopolisierung der einseitigen parteilichen Begriffsdefinitionen (z. B.: Arbeiter- und-Bauern-Staat).

Kennzeichnungen des politischen Sprachgebrauchs in der DDR:

- ideologiegebundene neue Bedeutung (Bedeutungserweiterung/Bedeutungsverschiebung),

  BEISPIELE

  parteilich = im Sinne der Interessen der Arbeiterklasse
  kämpfen = für das sozialistische System kämpfen
  aufklären = agitieren, jemanden politisch bekämpfen
- Darstellung der sozialistischen Beziehungen von Menschen mithilfe bestimmter Begriffe,

  BEISPIELE schöpferisch, kollektiv, Solidarität, Initiative, Verpflichtung, mitgestalten; vgl. auch die DDR-Devise „Plane mit - arbeite mit - regiere mit!“
- agitatorisches Vokabular (Politische Rede ↗ S. 65 - 67),

  BEISPIELE

  Positive Wertung für die eigene Politik: Friedenskampf, fortschrittlich, friedliebend, produktiv
  Negative Wertung für die Gegenseite/Schimpfvokabular: Bonner Ultras, Bonner Imperialisten, faschistisch, revanchistisch, kapitalistische Profitgier
- hohes Maß an massivem Eigenlob; vgl. auch Formelhaftigkeit der Sprache (vergleichbar auch westdeutschen Texten in Zeiten des Wahlkampfs),

- häufig auftretendes marxistisches Grundvokabular,
  BEISPIELE Arbeiterklasse, Proletariat, Ausbeutung, Sozialismus, Kapitalismus
- Formelhaftigkeit der Sprache (Schlagwörter, stereotype, hochtönende Formulierungen, Gebrauch von *wir* und *unser*),
  BEISPIELE unser sozialistischer deutscher Friedensstaat; tiefgreifende Veränderungen; zielstrebige Verwirklichung; weitreichender Beschluss; millionenfache Zustimmung
- bürokratisch-machtzentrierte Sprache der SED-Spitze, z. B. aus den Stasi-Unterlagen ersichtlich.

▶ **ZITAT**

Am 12. Januar 1989 wurden gegen 12 Uhr 1 männliche Person und 1 weibliche Person ... auf frischer Tat bei der Verbreitung von Hetzflugblätttern in Leipzig - Gohlis gestellt und zugeführt ...

(Nach: Gerhard Müller: Reizwörter im vereinigten Deutschland, 1993)

Deutsch von heute

Das Deutsch von heute ist kaum auf einen einheitlichen Nenner zu bringen. Sprachliche Norm, das zeigen die Beispiele zur Sprachgeschichte (↗ S. 32 – 46), ist ein relativer Begriff. So hängt die explosionsartige Entwicklung des Wortschatzes mit vielfältigen gesellschaftlichen Veränderungen und Trends sowie historischen Ereignissen zusammen. Die Sprachentwicklungen haben auch etwas zu tun

- mit Bestrebungen zur Vereinheitlichung und Vereinfachung auf internationaler Ebene (Globalisierung),
- mit Bestrebungen zur Individualisierung und Differenzierung (Fachsprachen ↗ S. 27 – 29; Gruppensprachen ↗ S. 26 – 27).

BEISPIELE sprachliche Veränderungen im Zusammenhang mit herausragenden historischen Ereignissen und gesellschaftlichen Trends:
Zeit der „Wende“ (1989 und danach): Ossi, Vorzeige-Ossi, Besserwessi, Mauer in den Köpfen, Entstasifizierung, Solidaritätspakt
Krieg im ehemaligen Jugoslawien: ethnische Säuberung
Gesellschaft: Mobbing, Outing, Dinomanie, globalisierte Welt, Überflussgesellschaft, Spaßgesellschaft, Menschen mit Migrationshintergrund, entfesselter Kapitalismus
Politik: Politik- und Parteienverdrossenheit, Protestwähler, Nichtwähler, Wahlverweigerung

Ökologie: Verkehrsinfarkt, Lärminfarkt
Wirtschaft: Finanzkrise, notleidende Banken

Allgemeine Sprachtrends

- größere Toleranz in der Umgangssprache: meinem Vater sein Auto,
- vereinfachende Tendenzen in der Orthografie bei der jüngsten Rechtschreibreform, z. B. bei den Fremdwörtern wie *Biografie, Delfin* und bei der ss-Schreibung wie *Kuss, Flüsse,*
- Erfindung neuer Ausdrücke durch die Werbung (↗ S. 61 - 63): erntefrisch, Verwöhn-Aroma, Geld-zurück-Garantie (als wörtliche Übersetzung von *money-back-guarantee*),
- starker Einfluss des Angloamerikanischen seit Ende des Zweiten Weltkrieges durch neue Produkte und Moden (Aerobic, Walkman); durch Filme mit Originaltitel (Message in a Bottle; Eyes Wide Shut, New Moon); durch die Computerindustrie (Gateway, Chat, Browser; Computer-Fachbegriffe ↗ S. 28 - 29),
- Einfluss der Massenmedien (Talkshow, Gameshow),
- politische Schlagwörter als Ausdruck politischer Einstellung: konkurrierende Bezeichnungen (Entsorgungspark, Atommülldeponie), verschleiernde Worthülsen (Stellenwert, Selbstverständnis, Gefüge, Spannungsfeld, Erleben, Bekenntnis, Erfolgserlebnis), Hochwertwörter (Solidarität, Freiheit, Gerechtigkeit).

Sprachkritik

So, wie sich Sprache entwickelt, entwickelt sich auch das Nachdenken *über* Sprache. Heutzutage wird dies meist als „Sprachkritik“ bezeichnet. Die Sprachkritik untersucht Sprache, Sprechakte und Gespräche im Hinblick auf:

- Zusammenhänge von Sprache und Denken (Erkenntnisfähigkeit/ Sprachphilosophie),
- Zusammenhänge von Sprache und Gesellschaft.

Im Bereich der Sprachpflege bedeutet Sprachkritik die positive oder negative Bewertung sprachlicher Äußerungen. Die Befürchtung, die Muttersprache könne überfremdet werden und ein entsprechendes Bemühen um Reinheit der deutschen Sprache und Verhinderung des Sprachverfalls reichen zurück bis ins 18. Jahrhundert. Zur Zeit wird insbesondere Kritik geübt am überbordenden Gebrauch von ***Anglizismen*** in der Sprache der Medien, der Mode, der Jugendlichen („Denglisch“).

Festzustellen gilt, dass die Muttersprache kein einheitliches, homogenes, nach außen abgeschlossenes Gebilde ist; sprachliche Entwicklungen entziehen sich weithin dem Zugriff des Einzelnen und der Bürokratie. Durch „Verschönerung" der Sprache wird nicht die Wirklichkeit verbessert, sondern allenfalls die Sprache.
In Bezug auf den Gebrauch von Anglizismen sollte unterschieden werden zwischen einer Fachsprache, die auf internationales Vokabular (Internationalismen) kaum verzichten kann, und einer vordergründigen, unbedachten, manchmal auch falschen Sprachverwendung.

In der ***feministischen Linguistik*** werden Sprachnormen und Sprachsystem auf patriarchalische Gewaltverhältnisse hin untersucht. Seit den 70er Jahren des 20. Jahrhunderts wendet sich die feministische Sprachkritik gegen die (sprachliche) Benachteiligung von Frauen. Inzwischen ist in vielen gesellschaftlichen Bereichen ein neuer Sprachgebrauch akzeptiert bzw. vorgeschrieben (z. B. Schülerinnen und Schüler, Studierende und Auszubildende).

Die Beziehung von Sprache und Erkenntnis ist nicht nur ein Gegenstand der ***Sprachwissenschaft*** und ***Sprachphilosophie***, sondern auch eine programmatische Fragestellung der Literatur der Moderne. So war die Krise des Denkens und der Welthaltung um die Jahrhundertwende (vom 19. zum 20. Jahrhundert) zugleich eine *Sprachkrise*: Der Anspruch des Dichters, die Welt zu deuten und mit dem dichterischen Wort die Wahrheit zu verkünden, wird seitdem in Frage gestellt. (Literatur der Jahrhundertwende ↗ S. 132 – 136)

2 Textarten und Gattungen

2.1 Epik, Dramatik, Lyrik

Die drei Grundformen der Literatur *Epik, Dramatik* und *Lyrik* werden auch als literarische Gattungen bezeichnet. Diese Gattungen weisen spezifische Merkmale auf und unterscheiden sich voneinander durch Stil, Wortart, Aufbau, Entstehungszusammenhang und Rezeption durch die Leserschaft.

Literarisch-poetische Texte dienen nicht nur - wie Sachtexte - der praktischen Verwendung. Sie haben, da sie nach künstlerischen Maßstäben gestaltet sind, einen eigenen ästhetischen Wert und verweisen auf spezifische Bedeutungszusammenhänge.

Literarische Texte erfordern von den Leserinnen und Lesern besonders große Aufmerksamkeit, unter anderem auch die Fähigkeit, sich mit mehrdeutigen Aussagen auseinandersetzen zu können.

Bei allen Fragen zu den Texten (Worum geht es? Welche Personen treten auf?) darf man nicht vergessen, dass es um konstruierte, fiktive Zusammenhänge geht. Zwar weisen die Texte Bezüge zur Realität auf, diese werden aber abstrahierend, typisierend oder symbolisch dargestellt.

Kennzeichen epischer Texte

(z. B. Erzählung, Novelle, Roman, Kurzgeschichte, Parabel, Märchen, Sprichwort, Satire, Epos)

Erzähler
Dieser ist eine fiktive Erzählerfigur, nicht zu verwechseln mit dem Autor; die Erzählerfigur ist vom Autor geschaffen und soll als Vermittler zwischen Autor und Stoff das Geschehen steuern; auch Standpunkte und Wertungen des Erzählers kennzeichnen seine fiktive Welt. Der Erzähler kann das Geschehen aus großer Distanz, unter eingeschränktem Blickwinkel, aus großer Nähe wahrnehmen.

Überblick: Epische Texte

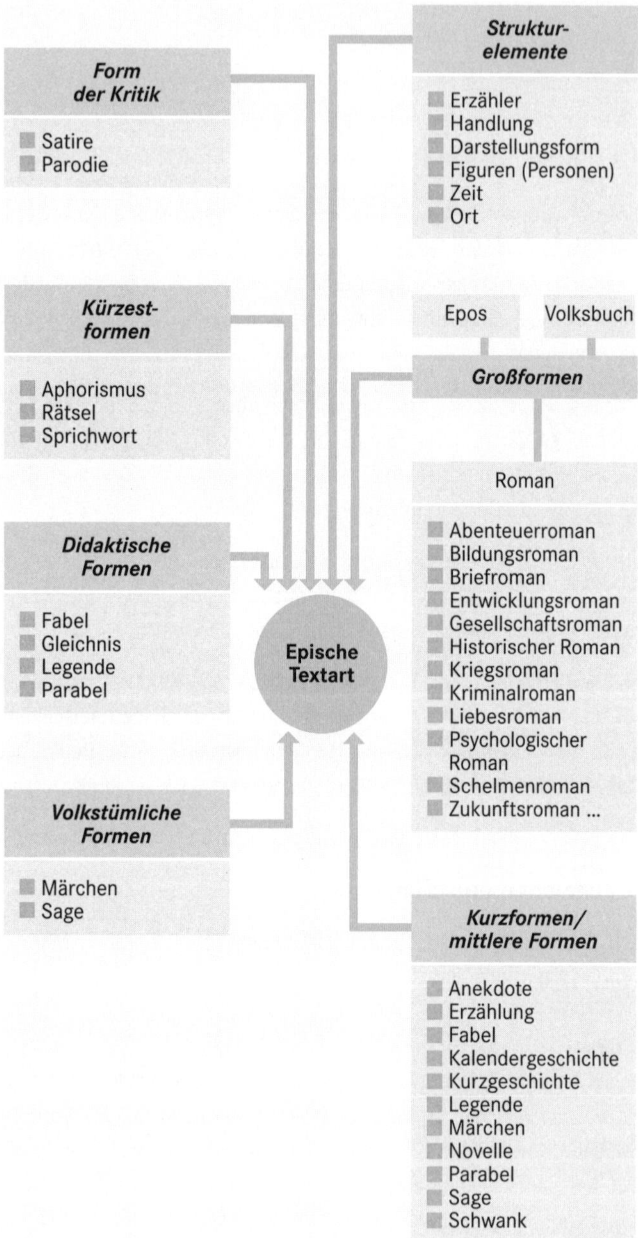

Erzählformen/Erzählverhalten

- Ich-Erzähler - erzählt als Figur der Handlung, was er denkt und fühlt (auktorial oder personal).
- Er/Sie-Erzähler - handelnde und erzählende Figur sind nicht identisch (auktorial, personal oder neutral):
  - *allwissender (auktorialer) Erzähler*, der einen Standort außerhalb des Geschehens einnimmt und in den Erzählvorgang eingreift; Mittel: Erzählereinmischungen, Kommentare, Einblick in das Innere einer Figur, in Vergangenheit und Zukunft,
  - *personaler Erzähler*: das Geschehen wird aus der Sicht einer der Figuren der Handlung dargestellt; die innere Wahrnehmung wird erweitert; Mittel: innerer Monolog; Personenrede als direkte Figurenrede (z. B. direkte Rede, indirekte Rede),
  - *neutraler Erzähler*: neutrale Wiedergabe des Geschehens ohne Bindung an eine Person.

Erzählerstandpunkt

Mit dem Erzählerstandpunkt ist die wertende Einstellung des Erzählers zu seinen Figuren (Zustimmung, Kritik, Mitgefühle) gemeint.

Figur der Handlung

Die Figur der Handlung ist die erdachte Figur (Mensch, Fabelwesen) in einem Erzähltext.

Figurenkonstellation

Die Figurenkonstellation untersucht die Beziehung der Figuren zueinander.

Zeit

- Zeitdeckung: Erzählte Zeit (Zeitraum, über den erzählt wird) und Erzählzeit (Lesezeit eines Textes) sind fast identisch.
- Zeitdehnung: Erzählzeit ist länger als die erzählte Zeit.
- Zeitraffung: Erzählzeit ist kürzer als die erzählte Zeit.

Zeitstruktur/Bauform

- Handlung wird in chronologischer Abfolge erzählt.
- Reihenfolge der Handlung wird umgestellt.
- Handlung wird unterbrochen; evtl. mehrere Handlungsstränge nebeneinander.

Zusammenhang von Handlung und Raum

- idealer Raum: Umgebung und menschliches Handeln sind im Einklang,
- konfliktgeladener Raum: Spannungsverhältnis zwischen Handlung und Raum,
- sozialer Raum: Milieu, Weltbild,
- symbolischer Raum: z. B. Wohnung als Schutzraum,
- zeitlicher Raum: z. B. Abend als Ende.

Kennzeichen dramatischer Texte

Figuren

Bei den Figuren handelt es sich um die vom Autor geschaffenen Personen; diese sind im Drama auf sprachliche und spielerische Ausgestaltung durch einen Schauspieler mithilfe von Kostümierung, Mimik, Gestik angelegt.

Figurenkonstellation

Hierunter ist die Beziehung zwischen den einzelnen Figuren (Hauptfigur, Nebenfiguren, Protagonist/Held, Antagonist/Gegenspieler, soziale Rolle, Interessen, Absichten, Erwartungen) zu verstehen.

Dialog

Der Dialog bewirkt im Drama den Handlungsfortschritt; die Personen werden charakterisiert; Personen handeln sprachlich (sie fragen, bitten, befehlen, ...); ebenfalls wichtig sind auch:

- Gesprächssituation,
- Beziehung zwischen den Redenden (komplementär, symmetrisch, ein aktives/passives Gesprächsverhalten, eine gelungene/misslungene Kommunikation ↗ S. 19),
- Beweggründe der Redenden,
- Redestil und sprachliche Eigenart (Dialekt, Alltagssprache, gehobener Sprachstil ↗ S. 29),
- Einstellungen der Gesprächspartner (Menschenbild, Moralvorstellungen, ...).

Monolog

Der Monolog ist das Selbstgespräch, in dem die Figur persönliche Einstellungen/Gefühle und Beziehungen zu anderen Figuren preisgibt.

Handlung

Die Dramenhandlung wird in größere Abschnitte (Akt/Aufzug) oder kleinere (Auftritt, Szene, Bild) gegliedert. Der klassische Aufbau eines Dramas im Sinne einer idealtypischen Verlaufsform geht zurück auf die antike *Poetik* des Aristoteles, die das Verhältnis von Dichtung und Wirklichkeit thematisierte.

Das moderne offene Drama folgt diesem Aufbau oft nicht mehr; es gliedert sich in einzelne Bilder. Oft hat es einen Prolog (Vorspiel) und einen Epilog (Nachspiel).

Es kann also (grob) zwischen folgenden Dramenformen unterschieden werden:

- *aristotelische Bauform* (z. B. bei G. E. Lessing; Johann Wolfgang Goethe, Friedrich Schiller): symmetrischer Handlungsgang ohne Sprünge, strenger pyramidaler Aufbau (↗ S. 117 – 118), zentraler Konflikt, dichte Verknüpfung der Handlung,
- *offenes Drama* (z. B. bei Georg Büchner ↗ S. 124; Bertolt Brecht ↗ S. 141; Max Frisch ↗ S. 150): oft locker zusammengefügte Bilder/Szenen, verschiedene Handlungsstränge, Unterbrechung der Handlung durch Reflexionen und Kommentierungen, offener Schluss.

Aristotelische Bauform des Dramas

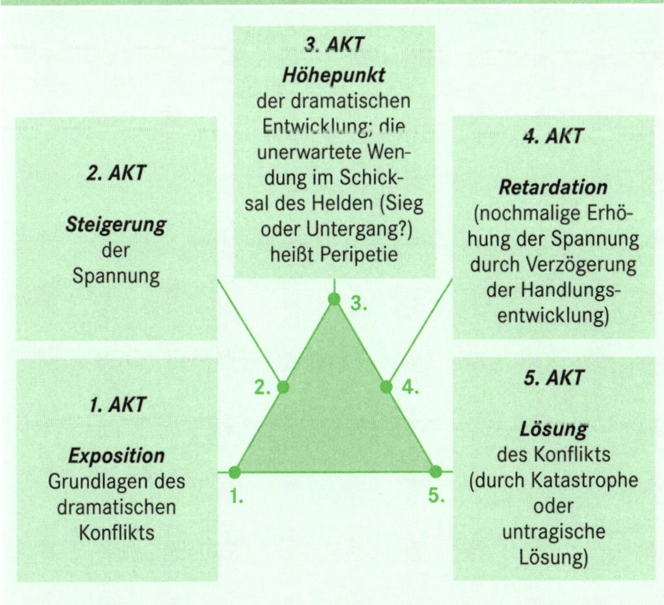

Überblick: Dramatische Texte

Dramatische Gattung

Bauform

geschlossen
- Aristotelisches Drama
- Klassisches Drama

offen
- Absurdes Theater
- Dokumentarisches Theater
- Episches Theater
- Experimentelles Theater

Strukturelemente
- Szenen/Auftritte/Bilder
- Figurenrede: Dialog/Monolog (Haupttext)
- Regieanweisung (Nebentext)
- Prolog/Epilog

Grundformen

Tragödie
- Griechische Tragödie
- Tragödie der Aufklärung/Klassik
- Bürgerliches Trauerspiel
- Soziales Drama

Komödie
- Intrigenkomödie
- Situationskomödie
- Typenkomödie

Tragikkomödie

Sonderformen
- Absurdes Theater
- Dokumentartheater
- Episches Theater
- Fernsehspiel
- Film
- Geistliches Spiel
- Hörspiel
- Politische Revue
- Singspiel
- Volksstück
- ...

Raum/Zeit

Der Bühnenraum bildet das Aktionsfeld der Schauspieler. Im streng aristotelisch gebauten Drama (↗ Abb. S. 51) sind Raum (an einem Ort), Zeit (24 Stunden) und Handlung begrenzt und einheitlich aufeinander bezogen (Übergänge gibt es bereits bei Lessing).
Im Konzept des offenen Dramas dagegen sind Unterschiedlichkeiten und Brüche des Ortes, der Zeitpunkte und Handlungselemente vorgesehen.

Dramatische Gattungen

- Tragödie: dramatisch-dichterische Gestaltung der Tragik
  Bei einer untragischen Lösung des Konflikts, z. B. bei einem Sieg des Helden und seiner Verklärung (Lessing, *Nathan der Weise*) spricht man auch von Schauspiel. Die Tragödie ist die Hauptgattung des Dramas; ihr Ursprung liegt in der Antike: Der tragische Held muss sich oftmals zwischen zwei Wertesystemen entscheiden (Sophokles, *Antigone*).
- Komödie/Lustspiel: Bühnenstück mit komischem Inhalt
  Grundthema: Verspottung menschlicher Unzulänglichkeit mit den Mitteln des Humors und der Satire. Die Anfänge gehen ebenfalls auf die Antike zurück; lange Zeit besteht die Ständeklausel, dass nur bürgerliche Figuren der Lächerlichkeit preisgegeben werden dürfen.
- Tragikomödie: Verschmelzen von Tragischem und Komischem
  Für den Schweizer Dramatiker Dürrenmatt (↗ S. 150) spiegelt die Tragikomödie die moderne Welterfahrung wider.

Kennzeichen lyrischer Texte

(Lyrik von griech.: lyra = Leier; diese ist das Attribut Apolls, des Gottes der Dichtkunst)
Lyrik zeichnet sich im Vergleich zu epischen und dramatischen Texten vor allem durch Konzentration und Intensität aus. In sprachlicher Hinsicht sind vor allem Symbole (Zeichen, die etwas nicht Wahrnehmbares veranschaulichen und eine tiefere Bedeutung besitzen) und sprachliche Bilder (Metapher, Vergleich, Personifikation) kennzeichnend. Daher bedarf ein Gedicht in ganz besonderer Weise der Deutung.
Traditionelle Gedichtformen wie das Sonett (↗ S. 101 - 102) unterscheiden sich sehr von modernen Gedichten, die oft auf Reim und strophische Form verzichten.

Typische Inhalts- und Formelemente

Vielfalt von Themen und Motiven, z. B. Liebeslyrik / Naturlyrik / politische Lyrik; Stimmungslyrik / Erlebnislyrik:

- Formprinzipien wie Rhythmus, Metrum, Reim, Strophik,
- Symbolik und Bildlichkeit,
- kunstvoller Aufbau,
- nicht alltägliche Äußerungen, die sich einer leichten Verstehbarkeit entziehen,
- Anordnung in Versen oder Verszeilen.

Lyrischer Sprecher (lyrisches Ich)

Hiermit ist der vom Autor erfundene fiktive Sprecher, ein Rollen-Ich gemeint (vergleichbar dem fiktiven Erzähler in epischen Texten). Das lyrische Ich kann sich im *Ich* oder im *Wir* zeigen, es kann ein fiktives Du ansprechen, es kann aber auch im Verborgenen bleiben.

Das ***lyrische Ich*** darf mit dem realen Autor des Gedichts nicht verwechselt werden. Die dargestellten Erfahrungen sind zunächst als dichterische Fiktionen zu verstehen. Jedoch kann das lyrische Ich auch reale Erfahrungen und Zusammenhänge des autobiografischen Ichs verdeutlichen.
Verlässlich angezeigt wird das lyrische Ich oft durch das Personalpronomen (ich, mir), durch Possessivpronomen (mein), ferner durch Interjektionen, Ausrufe, Wünsche, die die persönliche Anteilnahme des Ich am Geschehen zeigen.

Vers

Alle Gedichte haben Verse oder Verszeilen. Sie können folgende Besonderheiten aufweisen:

- Zeilenstil: Das Satz- und das Versende stimmen überein (Pause am Satzende).
- Enjambement (Zeilensprung): Der Satz überspringt das Zeilenende (keine Pause am Zeilenende).

Strophe

Metrische Einheit von gleich oder ungleich langen Versen; traditionell gebaute Gedichtformen mit Strophen sind z. B.

- das Sonett (↗ S. 101–102),
- das Lied.

Klanggestalt (lautliche Ebene)

- Reim (z. B. Paarreim: *aabb*; Kreuzreim: *abab*; umschließender Reim: *abba*; Stabreim: *Kind und Kegel*),
- Lautmalerei: Häufung von Vokalen oder Konsonanten zum Hervorrufen bestimmter Stimmungen; z. B. *plätschern, zischen, summen,*
- Lautsymbolik: subjektiv empfundene Verbindung von Klangfarbe und Bedeutung: ***i*** als Ausdruck für Helligkeit/Freude; ***u*** als Ausdruck für Dunkelheit/Trauer.

Sprachliche Bilder

Die sprachlichen Bilder zeigen besonders die Mehrdeutigkeit poetischer Sprache (stilistisch-rhetorische Wirkungsmittel ↗ S. 78 – 80):

- Vergleich: *ein Gesicht wie aus Erz gegossen; er brüllt wie ein Löwe,*
- Metapher: bildhafte vergleichende Übertragung, z. B. *ein Gesicht aus Erz, goldene Herbstsonne, das Meer des Lebens,*
- Personifikation: Begriffe, Dinge oder Tiere werden als menschliche Wesen dargestellt, z. B. *die Natur schläft; die Sonne lacht; blinder Zufall; es träumen Wald und Wiesen; der Morgen erwacht.*

Rhythmus und Metrum

In jeder sprachlichen Äußerung gibt es eine Verteilung betonter Silben (Hebung) und unbetonter Silben (Senkung). Die regelmäßige Abfolge von betonten und unbetonten Silben nennt man *Metrum*. Die Gliederung des Sprachflusses beim Vortrag (Rhythmus) ist in der geformten Sprache der Lyrik oft durch einen regelmäßig sich wiederholenden Takt (Metrum) festgelegt.
Der Takt ist das feste Schema, nach dem im Vers betonte und unbetonte Silben aufeinanderfolgen. Man spricht dabei von Versfuß. Eine metrisch gebundene Verszeile umfasst mehrere Takte und wird damit als zwei-, drei- oder vierhebig bezeichnet. Jambus und Trochäus sind zweisilbige, Daktylus und Anapäst dreisilbige Versfüße.

Jambus – steigend, drängend, fortschreitende Bewegung

x x̄ x x̄ x x̄ x x̄ x

Zum Kampf der Wagen und Gesänge, /
Der auf Korinthus Landesenge /
Der Griechen Stämme froh vereint, /
Zog Ibykus, der Götterfreund.
(F. Schiller)

Trochäus - laufend-fallende Bewegung

x̄ x x̄ x x̄ x x̄ x

In den Wald bin ich geflüchtet, / Ein zu Tod gehetztes Wild, /
Da die letzte Glut der Sonne / Längs der glatten Stämme quillt ....
(C. F. Meyer)

Daktylus - lebhaft-tänzerische Bewegung

x̄ x x x̄ x x x̄ x

Ach, wer da mitreisen könnte / In der prächtigen Sommernacht
(J. von Eichendorf)

Anapäst - feierlich-gewichtige Bewegung

x x x̄ x x x̄ x x x̄ x x x̄

Da ergreifts ihm die Seele mit Himmelsgewalt
Und es blitzt aus den Augen ihm kühn
(F. Schiller)

Je nach Anzahl und Art der Versfüße ergeben sich bestimmte Versformen. Einige dieser Versformen haben besondere Namensbezeichnungen:

Knittelvers	4-hebiger Jambus mit Endreim (Versmaß wird nicht immer streng eingehalten)
Blankvers	5-hebiger Jambus ohne Endreim (seit Lessing klassischer deutscher Bühnenvers)
Alexandriner	6-hebiger Jambus mit Zäsur in der Mitte (häufig im Barock verwendet)
Hexameter	6-hebiger Daktylus mit Zäsur (vgl. Distichon; antiker Vers, seit der Klassik wieder verwendet)
Pentameter	5-hebiger Daktylus mit Zäsur (vgl. Distichon, antiker Vers, seit der Klassik wieder verwendet; kommt nur in Verbindung mit dem Hexameter vor)
Distichon	Verspaar, das aus Hexameter und Pentameter besteht (in der Klassik vor allem von Goethe und Schiller verwendet)

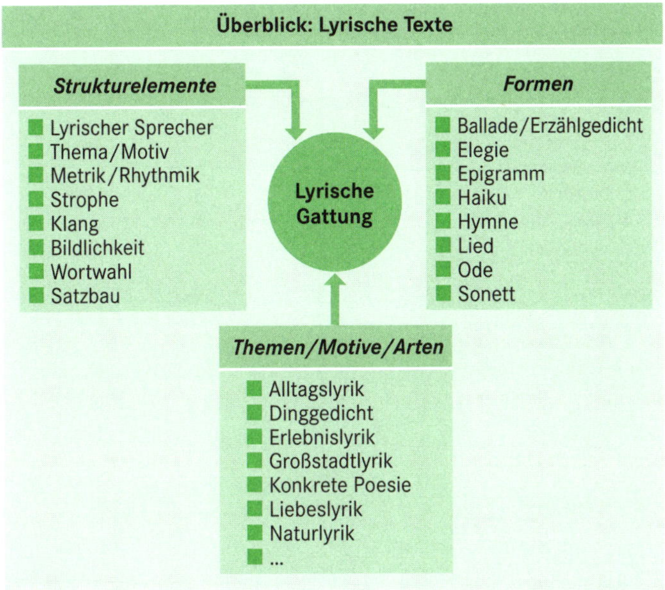

2.2 Sachtexte

Für Sachtexte sind auch folgende Bezeichnungen üblich:

- Gebrauchstexte,
- expositorische Texte,
- nichtfiktionale Texte,
- nichtpoetische Texte,
- nichtliterarische Texte.

Im Vergleich zu literarischen Texten stehen bei Sachtexten vor allem der Gebrauchs- und Informationswert, der pragmatische Kommunikationszusammenhang (die Frage nach der Absicht des Verfassers und der Wirkung beim Adressaten) im Vordergrund.
Man wird also bei Sachtexten zunächst die folgenden Fragen stellen: *Wer* sagt *wem was warum mit welcher Absicht*? Ähnlich wie bei poetischen Texten werden danach Gesichtspunkte wie Thema/Inhalt, Aufbau, Textsorte, sprachlich-rhetorische Wirkungsmittel einbezogen.

In Sachtexten geht es vor allem um folgende Schwerpunkte und Absichten (↗ S. 59 – 61):

Überblick: Sachtexte

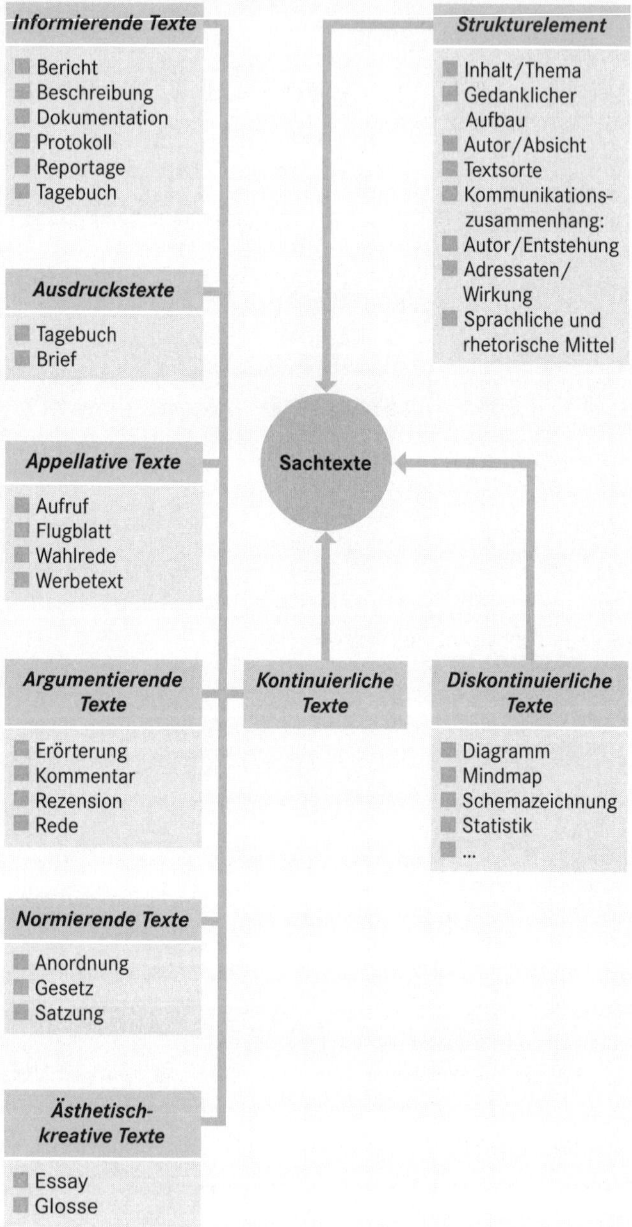

- Darstellung von Wirklichkeit (Bericht, Beschreibung, Protokoll, Inhaltswiedergabe),
- Wiedergabe persönlicher Eindrücke, Gefühle und Überzeugungen (Brief, Tagebuch, Essay),
- Kommentierung, Erklärung, Begründung von Sachverhalten (Kommentar, Erörterung, Leserbrief, Glosse, Essay),
- Beeinflussung, Werbung (Werbetext, Werbespot, politische Rede, Aufruf),
- Normierung (Gebrauchsanleitung, Gesetzestext, Schulordnung).

Eine besondere Form eines Sachtextes stellt die Rede (↗ S. 64-68) als ursprünglich mündliche Form dar. Sie ist im Vergleich zu dialogischen Formen (Gespräch, Diskussion) eine monologische Form. Im Sinne des Kommunikationsmodells von Karl Bühler (↗ S. 17) kann man mit einer Rede unterschiedliche Absichten verfolgen:

- informieren,
- persönliche Gefühle zum Ausdruck bringen,
- appellieren,
- argumentieren.

Kennzeichen von Sachtexten

Thema, Inhalt und Aufbau

Welcher Sachverhalt, welches Thema, welches Problem wird behandelt?

- Kommt das Thema in der Überschrift deutlich genug zum Ausdruck?
- An welcher Stelle wird es sonst deutlich?
- Wie ist der Text gegliedert (Gedankenfolge, Argumentationsaufbau)?
- Mit welchen Überschriften lässt sich die Struktur kennzeichnen?
- In welcher Weise lässt sich der Aufbau in einem Diagramm/einer Skizze verdeutlichen?

Textsorte

- Welche Textsorte repräsentiert der Text; welche sprachlichen und inhaltlichen Einzelheiten deuten darauf hin (↗ S. 58)?
- Gibt er Tatsachen wieder?
- Gibt er den Ausdruck von Gefühlen wieder?
- Will er für etwas werben?
- Handelt es sich um einen argumentativen Text, der Hypothesen aufstellt?

- Geht es um einen erklärenden oder belehrenden Text für eine bestimmte Adressatengruppe?
- Geht es um einen Text, in dem für eine bestimmte Gruppe von Menschen Normen formuliert sind?

Sprachlich-stilistische Form

Welche Sprache, Sprach- und Stilebene verwendet der Verfasser bzw. die Verfasserin: Standardsprache? Aufgelockerte Umgangssprache? Gruppensprache? Dialekt? Fachsprache?

- Ist in der Wortwahl und im Satzbau etwas besonders auffällig, z. B. Häufigkeit von Aussage-, Frage- und Ausrufesätzen, hypotaktische (Satzgefüge) und parataktische Konstruktionen (Satzreihe)?
- Welche rhetorischen Mittel (↗ S. 63) verwendet der Text, wie setzt er sie ein?
- Wie lässt sich der Stil des Textes als Ganzes kennzeichnen (Verständlichkeit, Sprachebene, Auffälligkeiten im Wortschatz wie Modewörter, Fremdwörter, Schlagwörter, bestimmte Wortarten in ungewöhnlicher Häufung)?

Kommunikationssituation: Produktion und Rezeption

- Wer hat den Text verfasst?
- Wo ist er (im Original) zu finden?
- In welcher Zeit/unter welchen Bedingungen ist der Text entstanden?
- Welchen Zweck verfolgt der Verfasser?
- Wird diese Absicht ausdrücklich formuliert oder steht sie zwischen den Zeilen?
- An welches Publikum wendet sich der Verfasser aufgrund von Inhalt und Sprachstil?
- Spricht er einzelne, individuelle Leser oder ein Massenpublikum an?
- Wendet sich der Verfasser eher an den Verstand, an das Gefühl, an das moralische Gewissen?
- Wozu soll der Leser beeinflusst werden?

Fragen zu übergeordneten textexternen Gesichtspunkten

- Welchen Stellenwert hat der Text im Werk- und Publikationszusammenhang des Autors/der Autorin?
- Lässt er sich einer bestimmten Zeit/Epoche/Stilrichtung/Weltanschauung zuordnen?
- Kennen Sie andere ähnliche Standpunkte?

Beurteilung

- Ist der Text für die Adressaten geeignet?
- Was gefällt mir am Text, was gefällt mir nicht (z. B. verwaschenes Ergebnis, unklare Begrifflichkeit, wirr, eintönig, sprachlich-stilistisch schlecht)?
- Was interessiert mich persönlich am Text? Welche Denkanstöße, Anregungen, Erkenntnisse vermittelt er mir?
- Ziehe ich Folgerungen aus dem Text?
- Kann mir der Text nützen?
- Wie stehe ich zu der Aussage und zu den Intentionen des Verfassers/der Verfasserin?

Kennzeichen von Werbe- und Redetexten

Werbetexte

Eine typische Form appellierender Sachtexte stellt außer der Rede vor einem Publikum der Werbetext dar.

Kennzeichnung

Die Werbung lässt sich als kommunikativer Prozess kennzeichnen (Modell von Karl Bühler ↗ S. 17): In der Werbung für Konsumgüter wird Sprache kaum als „reines" Informationsmittel, sondern auch zur Steuerung unseres Verhaltens eingesetzt (um zum gewünschten wirtschaftlichen Verhalten in der Konsumgesellschaft zu überreden). Damit ist die Sprache in der Werbung als intentional und handlungsanweisend (zielgruppenbezogener Sprachstil) zu kennzeichnen:

- Die Sprache wendet sich nicht an den kritischen Verstand, sondern an die Gefühle und die unterschwelligen Erwartungen und Bedürfnisse im Triebbereich.
- Die in der Werbung eingesetzten sprachlichen Mittel sind abhängig von der Eigenart der Textsorte (Werbebrief, Prospekt, Zeitschriftenanzeige).
- Oft steht in der Werbung das Bild (mit manchmal sexuell getönter Werbeaussage) oder die Musik im Vordergrund; es gibt Werbung, die völlig ohne gesprochene Sprache auskommt.
- Die Werbung orientiert sich meist an aktuellen Prestigewerten bzw. appelliert an bestimmte Leitbilder wie z. B.: Kennerschaft („Kenner kaufen ..."); Jugend („Jung sein ist Trumpf ..."); Ökologie („... der Umwelt zuliebe!"). Damit werden „Gegenstände", die verkauft wer-

den sollen, verherrlicht bzw. „poetisiert". Anzunehmen ist, dass dabei auch gesellschaftliche Klischees verbreitet und verstärkt werden sollen.

- Slogans können so einprägsam sein, dass sie in den alltäglichen Sprachgebrauch übergehen.

Aufbau von Werbebotschaften – die AIDA-Formel

A Attention: Weckung von Aufmerksamkeit
I Interest: Aufbau von Interesse für das Produkt
D Desire: Wunsch, dieses Produkt zu besitzen
A Action: Kauf

Da die übliche Werbung in der Regel nur mit einer flüchtigen Aufmerksamkeit rechnen kann, müssen die Texte kurz und einfach sein. Oft steht der Zwang zum immer wieder Neuartigen und Auffälligen im Vordergrund; hervorzuheben ist ihr artifizieller Charakter. Da es sich bei der Werbung um intentionalen Sprachgebrauch handelt (vgl. oben ↗ S. 61), müssen alle sprachlichen Wirkungs- und Stilmittel ausgenutzt werden (Mittel der Rhetorik ↗ S. 63, 78–80). Durch ihre massenhafte Verbreitung hat die Werbesprache einen starken Einfluss auf die Umgangssprache, einen höheren als z. B. die Poesie.

Typische Aufteilung von Werbeanzeigen (Einführungswerbung)	
Aufbau	***Funktion***
1. Schlagzeile („*head-line*") – den Inhalt der Anzeige kennzeichnende Überschrift, die die Aufmerksamkeit der Leserschaft wecken soll (z. B. eine Frage oder kurze Aufforderung).	anlocken, einschmeicheln
2. Haupttext („*body-copy*") – Dieser Teil soll die in der Schlagzeile aufgeworfene Frage „erläutern" bzw. nähere Informationen zum Produkt geben.	bekanntmachen
3. Formelhafte kurze Textzeile, die das Produkt/den Produktnamen in Form eines Urteils/Appells („*signature-line*") einprägen soll. Dabei sind der Klang oder bestimmte positiv konnotierte Eigenschaften oder ethische Werte besonders wichtig (Exklusivität, Gesundheit). Dieser Teil besteht oft auch nur aus dem Slogan (Leitspruch) oder enthält ihn.	appellieren, antreiben, zusammenfassen

Sprachlich-rhetorische Wirkungsmittel

Exemplarisch werden im Folgenden einige sprachlich-rhetorische Wirkungsmittel vorgestellt, die das Produkt semantisch aufwerten, in ein positives Licht rücken und die Werbebotschaft rhetorisch verstärken und auf diese Weise in den Interessenhorizont der potenziellen Käuferschaft rücken:

- Mittel der Steigerung und Übertreibung: Anpreisung im Superlativ („von höchster Reinheit"); absoluter Komparativ („fahr lieber ..."); Substantivsteigerung (Spitzenkraft, Superhit); steigernde Beiwörter; Hochwertwörter (extra, super, klasse); positiv konnotierte neuartige Substantiv- und Adjektivkomposita (serienmäßig mit verstellbarem Adrenalinspiegel),
- Fremdwortbildungen („das fashionable Jerseykleid"),
- höflicher Imperativ („Gönnen Sie sich ...!"),
- Satz ohne Prädikat/Satzellipse; Einwortsätze, Unterdrückung der Konjunktion („elegant, korrekt, bequem: ..."),
- Wiederholung, Parallelismus („Man kann sich an Maßstäben orientieren. Oder Maßstäbe setzen."),
- Alliteration (Food & Fun),
- Anklang an bekannte Redensarten, Sprichwörter, Lieder („Der Klügere trinkt Tee!"),
- Anaphorik („Sie können es anfassen. Sie können es essen. Sie können es auch ..."),
- Mittel des Sprachspiels („Da werden Ihre Füße aber Augen machen!"),
- emphatische Umstellung („Die Gesundheitskasse bin ich" statt „Ich bin ..."),
- Personifizierung („Autos lieben ..."),
- Rhythmisierung („Viel Vergnügen in der Sonne. Wann immer Sie nach Ägypten reisen."),
- Dreiergruppen (quantitativ abnehmende und zunehmende Glieder; z. B. abnehmend: „Vielseitig, sicher, schnell: ..."),
- Doppelpunkttechnik (Zeigevorgang verdeutlichen),
- Technik des „under-sell" (kokettes Eingestehen scheinbarer Schwächen: „Niemand ist perfekt ...").

Da Werbetexte ähnlichen Zwecken dienen wie politische Reden, gibt es auch eine weitgehende Übereinstimmung in der Verwendung der Mittel (↗ S. 78 – 80).

Platzierung von Werbebotschaften

Wichtig ist auch die Situation, in der Werbung platziert wird. So treten beispielsweise in Filmen und Fernsehserien, Autos, Konsumgüter und Firmennamen beiläufig in Erscheinung. In Unterhaltungsshows aber auch in Filmen werden bestimmte Güter ganz bewusst platziert (Productplacement). Dies dient nur dem einen Zweck: den Fernsehzuschauer zum Kauf zu animieren. Im Deutschen ist dafür der Begriff *Schleichwerbung* üblich.

Rede und Redeformen

Eine weitere Form appellierender Sachtexte sind Redetexte. Bei der Rede handelt es sich um die gebräuchlichste Form des öffentlichen Sprechens. Im Vergleich zur dialogischen Gesprächssituation ist die Redesituation eher monologisch.

Die Redekunst hat eine lange Tradition. In der Antike wurde der Ausbildung in ***Rhetorik*** ein bedeutender Stellenwert zugemessen. Diese Tradition gilt in ihren wesentlichen Merkmalen noch heute, hat sogar im angelsächsischen Bereich eine lebhafte Erneuerung erfahren.

Man unterscheidet auch heute noch (grob) die folgenden drei Arten öffentlicher Rede:

- die *Feier- oder Festrede* (genus demonstrativum, von lat. demonstrare = zeigen): Es wird an ein bestimmtes Ereignis erinnert oder ein bestimmter Anlass gefeiert (nationaler Feiertag, Geburtstag, Entlassung in den Ruhestand),
- die *Gerichtsrede* (genus iudiciale, von lat. iudicialis = gerichtlich): Reden des Anklägers bzw. Verteidigers vor Gericht, um seine Argumente darzulegen,
- die *argumentative Form der Rede* (genus deliberativum, von lat. deliberare = abwägen, überlegen): Hier geht es vor allem um die Auseinandersetzung über strittige Fragen in der Form des Pro und Kontra. Der Redner verfolgt das Ziel, seine Zuhörerschaft zu überzeugen bzw. für sich zu gewinnen (z. B. in der politischen Auseinandersetzung).

Legt man das Kommunikationsmodell von Karl Bühler (Funktionsbeschreibung des sprachlichen Zeichens, ↗ Grafik S. 17) zugrunde, lassen sich folgende Redeformen unterscheiden:

- ***Ausdruck:*** Reden, in denen die Befindlichkeit des Redners bzw. der Rednerin im Mittelpunkt steht (Fest- und Feierreden),

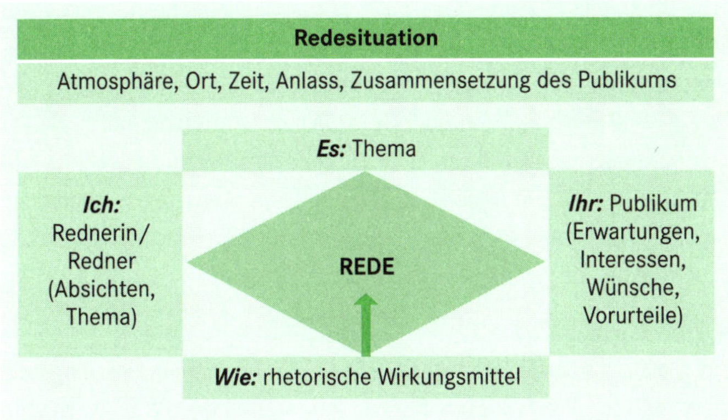

- ***Darstellung:*** Reden, in denen ein Gegenstand im Mittelpunkt steht (wissenschaftlicher Vortrag, Referat über ein fachliches Thema),
- ***Appell:*** Reden, die sich an bestimmte Zuhörer richten mit dem Ziel, an diese zu appellieren und sie zu etwas aufzufordern.

Die politische Rede

Die politische Rede ist eine besondere Form der Rede, weil es hier vor allem darum geht, dass der Redner sein Publikum im Sinne seiner politischen Vorstellungen beeinflusst und sich zugleich von denen seiner Gegner absetzt. Außerdem soll seine Partei in gutem Licht erscheinen. Es geht also nicht wie bei anderen Redeformen (Statement ↗ S. 67; Vortrag ↗ S. 67; Referat ↗ S. 68) darum, das Wissen der Zuhörer zu erweitern, sondern eher darum, auf deren Einstellungen und Verhaltensweisen einzuwirken. Politikern wird oft unterstellt, dass sie zwei Sprachen benutzen: eine für die Öffentlichkeit, die andere für den internen Gebrauch. Es werden folgende Formen politischer Rede unterschieden:

- Parlamentsrede oder Parteienrede

Merkmale: Emotionalität der Sprache, politische Schlag- und Reizwörter, die im gruppenspezifischen Sinne die Parteizugehörigkeit kennzeichnen; Fachbegriffe der Verwaltung bzw. Rechtsprechung (vgl. auch rhetorische Mittel ↗ S. 78 – 80)

- Massenrede

Merkmale: Bestätigung der eigenen Position und Abwertung der anderen; am Schluss oft Gefühls- und Handlungsappell, sprachlich-rhetorische Wirkungsmittel überlagern oft sachlich-inhaltliche Aussagen; oft Stilmittel der Wiederholung, um Botschaft einzuprägen; semantische Unschärfe des Schlagworts; emotionale Lenkung des Publikums; eindeutige Wertungen; übertreibende Verallgemeinerungen; mit stereotypen Formulierungen wird an Gefühle appelliert; Schlüsselwörter (z. B. das Wort *fanatisch* in Reden des Nationalsozialismus, vgl. Sprache des Nationalsozialismus ↗ S. 41 – 42); Verwendung außersprachlicher Zeichen (Fahne, Marschmusik, Spruchband).

- Fernsehansprache

Sie gilt als moderne Form der Massenrede; hier fehlen allerdings die direkten Kontakte zwischen Sprecher und Zuhörer; dieser wird beim Fernsehzuschauer oft ersetzt durch pseudointime Wirkungsmittel wie persönliche Anrede, „Augenkontakt“ (Nahaufnahme).

Neben den rhetorischen Figuren (↗ Seite 78 – 80) sind es in politischen Reden vor allem die folgenden Redeweisen, die dem Redner zum Erfolg verhelfen sollen:

- Aufwertung der eigenen Seite, Gruppe, Partei
  - eigene Verdienste hervorheben und Fehler verschweigen; eigener Standpunkt und eigene Gruppe erhalten Eigenschaften und Begriffe mit positiven Nebenbedeutungen zugeschrieben (z. B. Solidarität, Demokratie, Verlässlichkeit, Solidität, Freiheit, Kompetenz),
  - Interessen, die in Wirklichkeit der eigenen Gruppe nützen, werden als uneigennützig ausgegeben (z. B. die Umwelt zu schützen, den Aufbau von Atomkraftwerken zu fördern, ...),
  - Berufung auf bekannte Autoritäten (Wissenschaftler, Politiker, das Grundgesetz, die Bibel).
  - Man versucht die eigene Politik als vernünftig und ohne Alternativen darzustellen.

- Abwertung der gegnerischen Seite
  - ungünstige Seite hervorheben, günstige Seite abschwächen,
  - einzelne Schwächen verallgemeinern,
  - Fehler des Gegners übertreiben,
  - Begriffe mit negativen Nebenbedeutungen dem Gegner zuordnen (z. B. Inflation, Arbeitslosigkeit, Abbau sozialer Sicherheit, Zerstörung der Natur),
  - Zitate des Gegners verzerren und dadurch kritisieren.

- Beschwichtigen (Verwischen klarer Positionen, sich herausreden)
  - Hinweise auf gleiche Interessen: „Wir sitzen alle im gleichen Boot.“
  - Verschweigen von Widersprüchen: sowohl ... als auch,
  - allgemeine Weisheiten und Redensarten benutzen,
  - auf höhere Gewalt oder Schicksal verweisen.

- Bedrohen
  - Gegner einschüchtern, indem bestimmte Gefahren übertrieben werden,
  - Alternativen verschweigen bzw. diese als negativ und gefährlich kennzeichnen.

Statement

Beim Statement handelt es sich um eine offizielle Erklärung, die Antwort gibt auf eine Anfrage. Der/Die Antwortende gibt sachliche Erklärungen; persönliche Formulierungen sind fehl am Platze; es herrscht Fachsprache vor; rhetorische Figuren fehlen zumeist.

Vortrag

Der Vortrag kann verschiedenen Zielen dienen. Beim Fachvortrag hat der Redner – wie beim Referat – das Ziel, fachliche Informationen zu geben. Er wendet sich dabei an ein Publikum, das bereits fachliche Vorkenntnisse hat und insofern den Ausführungen Interesse entgegenbringt.
Rhetorische Stilmittel (↗ S. 78 – 80) können dabei helfen, die Aufmerksamkeit der Zuhörerschaft für fachlich schwierige Zusammenhänge sowie Eindringlichkeit, Anschaulichkeit oder Spannung zu erreichen.

Hearing

Bei einem Hearing werden Fachleute vor einem Ausschuss mit Entscheidungsbefugnissen zu einem bestimmten Thema befragt. Die Fachleute haben lediglich Antwort zu geben.
Die unterschiedlichen Rednerinnen und Redner erhalten die gleiche Redezeit; die Erklärungen müssen sachlich, knapp und exakt sein; rhetorische Leerformeln müssen vermieden werden. Auf diese Art und Weise wird das Gremium, das berechtigt ist, die Fragen zu stellen, aus unterschiedlicher Sicht informiert und sollte anschließend zu einer Entscheidung fähig sein.

Referat

Das Referat ist eine mündliche Redeform, die besonders häufig in der Schule genutzt wird. Man unterscheidet:

- das informierende Referat

Umfassende und genaue Informationen über einen Sachverhalt; dieser soll sachlich zutreffend, adressatenbezogen und verständlich dargestellt werden.

- das argumentierende Referat

Auch hier ist die Verständlichkeit oberstes Gebot; es geht im Gegensatz zum informierenden Referat eher darum, Ergebnisse zu entwickeln, statt sie darzustellen, und unterschiedliche Deutungen des Sachverhalts herauszuarbeiten; auch das eigene Urteil ist wichtig. Der Redner hat mehr Freiheit zur Organisation des Stoffes; er nutzt häufiger rhetorische Mittel, um die Zuhörer für seine Sichtweise zu gewinnen.

In jedem Referat geht es

- um die Darstellung der fachlich-inhaltlichen Seite,
- um die richtige Vermittlung,
- um die äußere Präsentation.

2.3 Analyse, Interpretation, Erörterung

Die Begriffe *Analyse* und *Interpretation* werden oft synonym gebraucht; es gibt jedoch geringfügige Bedeutungsunterschiede. Während es beim Analysieren - bei gezielten Fragestellungen - eher um die Herausarbeitung von spezifischen Elementen, Strukturmerkmalen und anderen Zusammenhängen geht, meint Interpretieren eher eine Gesamtdeutung von textimmanenten und textexternen Gesichtspunkten im Sinne eines kritisch-hermeneutischen Verstehensprozesses.

Sowohl beim Interpretieren und Erschließen literarischer Texte als auch bei der Analyse von Sachtexten werden folgende allgemeine Leistungen erwartet:

- bekanntes Wissen reproduzieren, z. B. Fachbegriffe, Textart, historischer Zusammenhang,
- sprachliche und rhetorische Mittel erkennen, erlernte Techniken anwenden,
- Zusammenwirken und Wechselbeziehung einzelner Textelemente darstellen,

- ein selbstständiges Urteil formulieren und begründen,
- den Bezug auf den Text durch Zitate belegen und das Verstehen des Textes durch eine angemessene schriftliche Darstellung dokumentieren.

Interpretation literarischer Texte

Einen literarischen Text zu interpretieren heißt vor allem, seine Bedeutung und seinen Sinn zu erschließen. Die Grundlagen des Interpretierens sind Inhalt des Textes, Thema/Motiv, sprachliche und rhetorische Mittel der Gestaltung und deren (mögliche) Funktionen für die Aussage, ebenso typische Besonderheiten der jeweiligen Textart und Literaturepoche/literarischen Bewegung. Ein besonderes Merkmal literarischer Texte ist ihre semantische Unabgeschlossenheit. Einen literarischen Text zu erschließen bedeutet, einen Prozess zu durchlaufen (dies gilt in ähnlicher Weise auch für die Analyse von Sachtexten). Ein erstes vorläufiges Textverständnis muss überprüft, verfeinert, verändert, möglicherweise auch korrigiert werden. Es kann notwendig und zugleich hilfreich sein, textüberschreitende Formen des Zugangs (sozial-, kultur- oder rezeptionsgeschichtliche Zusammenhänge) in das Interpretationsverfahren einzubeziehen.

Wenn es bei der Interpretation um die Deutung des gesamten Textes geht, könnte eine entsprechende Aufgabe lauten: Interpretieren Sie den Text von Wolfgang Borcherts Kurzgeschichte *Die drei dunklen Könige*. In der Regel wird aber vor allem die Bearbeitung eines bestimmten Gesichtspunktes gefordert. Dann ist es wichtig, nicht den gesamten Text zu deuten, sondern exakt auf die entsprechende Aufgabenstellung einzugehen.

BEISPIEL Interpretieren Sie Wolfgang Borcherts Kurzgeschichte *Die drei dunklen Könige*. Verdeutlichen Sie dabei vor allem inhaltliche und sprachliche Kennzeichnungen der drei „Dunklen" in ihrer Beziehung zu der jungen Familie.

Interpretiert wird im Wechsel von beschreibenden und deutenden Teilen. Der Interpretierende hält sich möglichst eng an das im Text gegebene Beweisbare, darf sich aber, wenn es um die Deutungsebene geht, damit nicht begnügen. Wichtig ist, dass der Interpret dem Leser darüber Rechenschaft gibt, wie er zu seinen Einsichten und Deutungen gekommen ist.

Deutungshypothesen am Anfang müssen später durch eine genauere Untersuchung des Textes entweder als richtig herausgestellt, korrigiert oder entsprechend ergänzt werden (vgl. oben). Bei der Erschließung/Deutung eines literarischen Textes muss auf jeden Fall Schematismus vermieden werden. Literarische Texte bieten dem Interpretierenden selbst die Chance, über Möglichkeiten und Grenzen der eigenen Existenz und am Beispiel der fiktiv angelegten Figuren über eigene Verhaltens- und Denkweisen nachzudenken (ästhetische Wahrnehmungsfähigkeit). Die Deutung muss sich am konkreten literarischen Text orientieren; es kann daher kein gänzlich formalisierbares Verfahren geben. Daraus ergibt sich auch eine gewisse Offenheit für das Vorgehen.

Interpretation von Spielfilmen

Da auch ein Spielfilm (häufig als Literaturverfilmung) ein fiktives Geschehen darstellt, kann er unter ähnlichen Kriterien bearbeitet werden wie ein literarischer Text. Film ist ein spezifischer, besonders komplexer „Text", in dem unterschiedliche Bereiche zusammenwirken. Das audiovisuelle Produkt *Film* wird durch Ton/Sprache und Bewegung/Handlung bestimmt; zusätzlich wirken Musik und Farbe.

Aufgrund dieser Komplexität ist der Film anhand einer Vielzahl von Kategorien erschließbar, z. B.:

- durch den Handlungsaufbau,
- durch die Personenkonstellation,
- durch die Person des Erzählers/der Kamera,
- durch die Gestaltung des Tons (musikalisches Leitmotiv, Erzähler im „Off").

Die Erschließungskriterien sind im Einzelnen:

- Kameraeinstellungen (Weit, Totale, Halbtotale, Halbnah, Nah, Groß, Detail),
- Schärfenbereiche der Kamera (große oder geringe Tiefenschärfe),
- Kameraperspektive (Vogelperspektive, Froschperspektive),
- Darstellung von Handlungsraum, Zeit/Zeitsprüngen, Lichteffekten und technischen Effekten.

Die schriftliche Darstellung: linear oder aspektorientiert?

Man unterscheidet zwei Möglichkeiten, die Interpretation eines literarischen Textes (oder eines Spielfilms bzw. eines Spielfilmausschnitts) im Hauptteil zu gliedern.

Lineares Verfahren

Man interpretiert Schritt für Schritt an den Abschnitten des Textes entlang. Dazu muss man eine sinnvolle Gliederung des Textes (Sinneinheiten) finden oder aus dem Text übernehmen. Beschreibung und Deutung des jeweiligen Abschnittes müssen deutlich getrennt, es muss von der Sprachebene zur Bedeutungsebene abstrahiert werden, sonst wird die Interpretation zur reinen Inhaltswiedergabe (Paraphrase).

Die Deutung folgt dem Lesegang, dieser ist die Leitlinie der Interpretation. Der Verfasser darf nicht an Einzelheiten hängenbleiben und die Gesamtdeutung nicht aus dem Auge verlieren; bei jedem Schritt wird auch die Deutung sprachlicher Besonderheiten einbezogen.

Aspektorientiertes Verfahren

Man geht von übergeordneten Deutungsgesichtspunkten bzw. Deutungshypothesen aus; diese müssen zunächst aus dem vorläufigen Verständnis des Gesamtzusammenhangs heraus gesetzt werden. Diese Deutungsgesichtspunkte sind Wegweiser oder Leitaspekte für die Niederschrift. Jeweils einen der unterschiedlichen Aspekte verfolgt man dann nacheinander durch den gesamten Text (Längsschnitt), betrachtet also zu einem Aspekt mehrere Textstellen und bezieht auch die sprachliche Gestaltung mit ein.

Vergleichende Interpretation zweier Texte

In aller Regel werden die beiden zu vergleichenden Texte thematisch miteinander verwandt sein. Häufig enthält die Arbeitsaufgabe einen einschränkenden bzw. akzentuierenden Aspekt.

BEISPIEL Vergleich der beiden Goethe-Gedichte *Prometheus* und *Grenzen der Menschheit*: Fertigen Sie eine vergleichende Gedichtinterpretation an; arbeiten Sie inhaltlich und sprachlich vor allem die Unterschiede des Menschen- und Gottesbildes heraus und berücksichtigen Sie dabei die literarische Strömung bzw. Epoche *Sturm und Drang* bzw. *Weimarer Klassik*.

Der Vergleich der beiden Texte setzt die Interpretation beider Texte voraus, wenngleich diese nicht so intensiv sein kann wie bei einer Einzelanalyse. Es ist also davon auszugehen, dass die beiden zu vergleichenden Texte

- etwas gemeinsam haben (z. B. Thema, Textart, Autor, Epoche),
- sich in einzelnen Aspekten deutlich unterscheiden.

Für einen ***Textvergleich*** bieten sich die beiden folgenden Herangehensweisen an:

- Man deutet die beiden Texte in straffer Form nacheinander und beschränkt sich dabei jeweils auf die zentralen Aspekte der Aufgabenstellungen. Danach schließt man einen dritten Teil an, in dem die beiden Texte systematisch miteinander verglichen werden. Dabei werden die Ergebnisse der beiden Einzelinterpretationen gebündelt und unter übergeordneten Gesichtspunkten miteinander verglichen (in Bezug auf das oben genannte Beispiel etwa: Menschenbild, Vorstellung von Gott; Sprache/Stil und Funktion; Epochenzusammenhang).
  Vorteile: Eigenart der jeweiligen Einzeltexte wird deutlich; roter Faden ist vorgegeben; *mögliche Nachteile:* Gefahr der Wiederholung; im Vergleichsteil bleiben die Ausführungen zu allgemein.

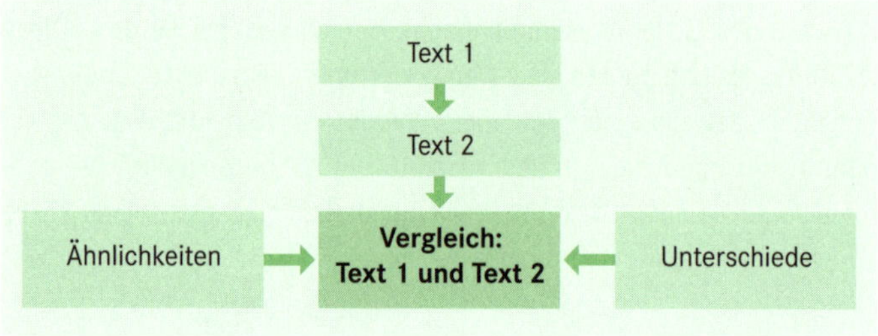

- Zunächst wird einer der beiden Texte interpretiert (man beginnt am besten mit dem Text, der einem am meisten zu sagen hat). An die Deutung des ersten Textes schließt sich die des zweiten an, die jedoch in unmittelbarem Rückgriff auf den ersten erfolgt; bereits während der Deutung des zweiten Textes werden die einzelnen Aspekte des Vergleichs in die Darstellung einbezogen. Den roten Faden für die Gliederung bilden also die Vergleichsgesichtspunkte.

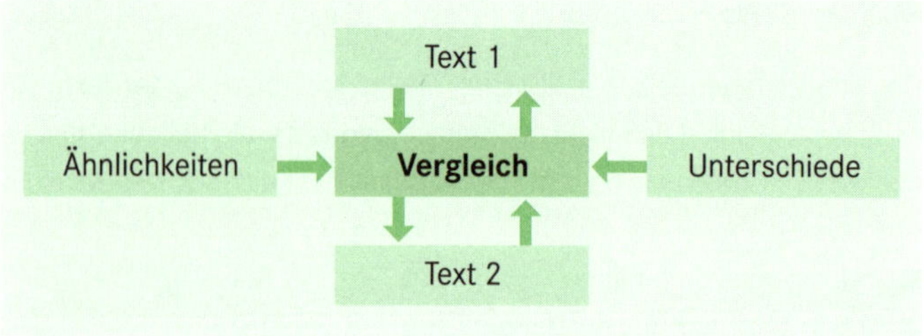

Vorteile: Vergleich steht im Vordergrund; Gemeinsamkeiten und Unterschiede werden deutlich; *mögliche Nachteile:* Einzelne Gesichtspunkte des jeweiligen Textes bleiben unberücksichtigt; Unübersichtlichkeit; der zweite Text kann zu kurz kommen.

Texterschließung im Zusammenhang: textimmanent und textübergreifend

Bei der *textimmanenten Deutungsmethode* kommt es zunächst darauf an, sich auf die Details des Textes einzulassen. Der Ausgangstext ist die Grundlage aller Deutungen. Hierbei werden alle Gesichtspunkte berücksichtigt, die den Text selbst, seinen Sinn und seine Aussage erklären können (↗ unten):

- Inhalt,
- Thema/Motiv,
- Personenkonstellation,
- Aufbau, Textart,
- sprachlich-rhetorische Mittel und ihre Funktion.

Die komplexe Bedeutung eines Textes erschließt sich oft erst, wenn man neben den textimmanenten Aspekten auf ***textübergreifende Deutungsaspekte*** zurückgreift, also z. B. zusätzliche, über den konkreten Text hinausgehende Kenntnisse, Materialien, Quellen:

- Biografie des Autors,

  BEISPIEL Für das Verständnis eines Brecht-Gedichtes zum Thema *Emigration* ist es wichtig zu wissen, dass Brecht selbst emigrieren musste.

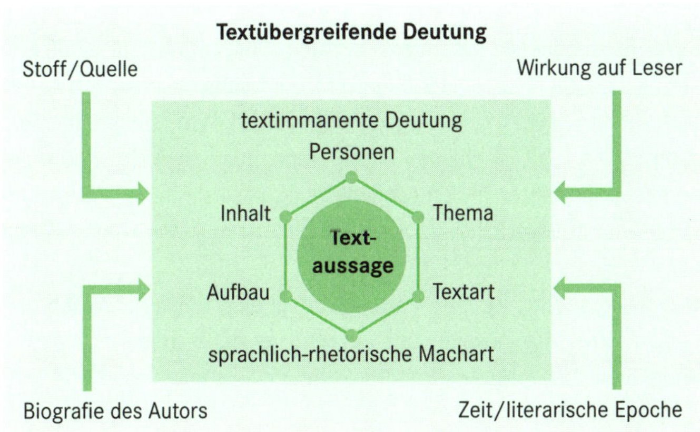

- geistesgeschichtliche Zusammenhänge der Zeit,
  BEISPIEL Lessings Drama *Nathan der Weise* ist nur ganz zu verstehen, wenn man es vor dem Hintergrund der Zeit der Aufklärung liest.
- Soziologie (Berücksichtigung politischer, gesellschaftlicher, wirtschaftlicher Zusammenhänge, z. B. bei politischer Lyrik),
- Wirkungs- und Rezeptionsgeschichte (z. B. Unterschiede in der Rezeption von Goethes Briefroman *Die Leiden des jungen Werthers* zur Zeit der Erstveröffentlichung und heute).

Mit der Erkenntnis dieser Mehrdeutigkeit kann auch der heutige Leser seinen Verstehenshorizont erweitern.

Produktionsorientierte Deutung – gestaltendes Interpretieren

Das Umschreiben oder Neuschreiben des Ausgangstextes (man spricht dabei auch von produktionsorientierter, operativer, ***handlungsorientierter Deutung*** oder von gestaltendem Interpretieren) stellt eine andere Form der Deutung dar als die sonst übliche (systematische) Text-Interpretation.

Das Verstehen des Textes wird dann vor allem dadurch erleichtert, dass man als Interpretierender die Möglichkeit erhält, die psychische Lage einer Person in einem Text in aktiver Weise zu erkunden und die eigenen Empfindungen und Identifikationen als Leser bzw. Leserin einzubringen. Somit kann man Deutungen, die der Autor als „Leerstellen“ im Text offen gelassen hat, selbst ausfüllen. Man stellt sich dabei z. B. die Frage „Was wäre, wenn ...?“.

Derartige produktive Veränderungen und Interpretationen haben keinen Selbstzweck; sie sind im Vergleich zum authentischen Ausgangstext zu reflektieren und dienen in jedem Falle dem Verstehen des Ausgangstextes. Auf vielfache Weise kann man mithilfe derartiger operativer Verfahren in den Ausgangstext (dies kann ein epischer, lyrischer oder dramatischer Text sein) eingreifen. Folgende Möglichkeiten bieten sich an:

- eine Vorgeschichte oder Fortsetzung zu einem Text schreiben, um alternative Möglichkeiten des Geschehens zu erkunden,
- die Erzählperspektive verändern, um den Text aus dieser Sicht neu zu erzählen,

- einen Gegentext verfassen, um eine zentrale darstellerische Entscheidung des Autors zu ändern und diese Änderung mit dem authentischen Text zu vergleichen,
- einen im Ausgangstext nicht ausgeführten fiktiven Monolog oder Dialog verfassen, um die Handlungsmotive, Gedanken und Gefühle von Figuren zu ergründen,
- einen Figurenbrief oder Tagebucheintrag verfassen, um die Betroffenheit einer Figur zu verdeutlichen,
- einen Textartenwechsel vornehmen, d. h. das Motiv in einer anderen Form darstellen,
- einen Paralleltext verfassen, z. B. zu einem Gedicht thematische Varianten in analoger Form schreiben,
- sich selber in einen Text „hineindichten“ und eine entsprechende Szene gestalten,
- einen Text in eine andere Sprachvarietät (↗ S. 22) umschreiben.

Kreatives Schreiben

Beim kreativen Schreiben geht es nicht, wie beim gestaltenden Interpretieren, um die Deutung eines Ausgangstextes, sondern um das subjektiv-kreative Gestalten, das ganz von der Vorstellungskraft des Schreibenden lebt; im Mittelpunkt steht das kreative Experimentieren mit Thema oder Form. Dies heißt vor allem: Aktivierung der Imaginationskraft.

Man kann davon ausgehen, dass das Verstehen von Texten und das eigene Verfassen von Texten einander ergänzende Tätigkeiten sind; so können beim Schreiben die strukturellen Besonderheiten der jeweiligen Gattung (z. B. Kürzestgeschichte, Kurzgeschichte, Gedicht, Szene) realisiert werden. Dies stellt eine sinnvolle Ergänzung zu eher interpretierenden Arbeitsweisen dar. Das kreative Schreiben kann Schreibblockaden abbauen helfen, kann sich auch auf die flüssigere Gestaltung von Sachtexten auswirken. (Methoden des kreativen Schreibens sind z. B. auch Teil der Ausbildung von Managern.)

Vorgehensweisen sind:

- Man lässt der Vorstellungskraft freien Lauf und gestaltet ein frei gewähltes Thema.
- Man lässt sich durch einen Impuls anregen, schreibt einen Paralleltext zu einer Vorlage oder lässt sich durch Text oder Bild zu eigenen subjektiv-kreativen Ausgestaltungen animieren.

Überblick: Verfahren der Textinterpretation/-analyse

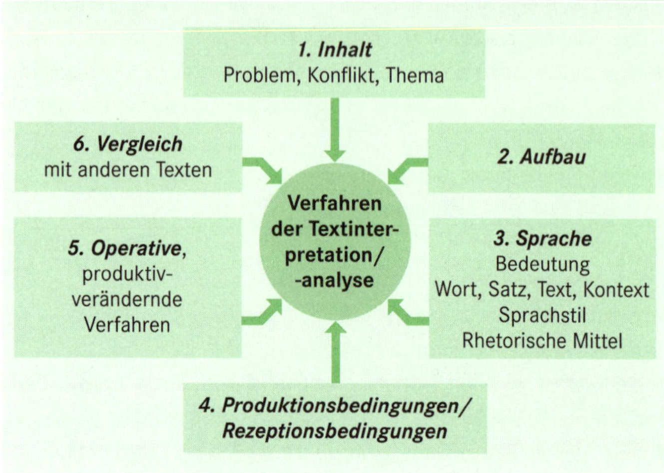

Analyse von Sachtexten

Analyse, Vergleich

Da es sich bei Sachtexten im Vergleich zu literarischen Texten der Gattungen *Epik, Dramatik* und *Lyrik*, deren besondere Kennzeichen Fiktionalität, semantische Unabgeschlossenheit und Bildlichkeit sind, eher um den pragmatischen Aspekt der Kommunikation zwischen Schreibenden und Lesenden handelt, muss bei der Analyse entsprechend der Schwerpunkt auf den Gebrauchswert des Textes gelegt werden.

Im Einzelnen geht es bei der ***Analyse*** eines Sachtextes darum, den Text zu erfassen, ihn genau zu untersuchen und zu beschreiben, d. h. vor allem, den Zusammenhang von Textstrukturen, sprachlichen Elementen und ihrer Funktion sowie der Intention des Autors bzw. der Autorin und der intendierten Wirkungen herauszuarbeiten.

Dies impliziert auch eine begründete Beurteilung im Rahmen des historischen bzw. zeitlich aktuellen Zusammenhangs. Ebenso wie das Interpretieren eines literarischen Textes ist auch das Analysieren eines Sachtextes als ein Prozess von zunehmend komplexer werdender Erarbeitung zu verstehen.

Bei einem ***Vergleich*** von Sachtexten gelten ähnliche Kriterien wie beim Vergleich von literarischen Texten (↗ S. 71 – 73).

Handlungsorientiertes, operatives Schreiben

Ähnlich wie bei literarischen Texten (↗ S. 74–75) bieten sich auch bei Sachtexten produktive Verfahren an. So kann man in folgender Weise auf Sachtexte in schriftlich-erörternder Form (↗ S. 80–87) reagieren:

- Verfassen einer erörternden Stellungnahme (Kommentar, Essay, Leserbrief ↗ S. 86–87), mit der Thesen und Argumente des Ausgangstextes bestätigt, ergänzt, infrage gestellt, kritisiert werden,
- Verfassen eines Redemanuskripts für eine argumentierende Rede; dabei können einzelne Argumente, Fakten, Zahlen aus dem Ausgangstext übernommen werden; für das Redemanuskript sind redespezifische Merkmale wie Redesituation, Adressaten, Anrede, Schlussformel, Gebrauch rhetorischer Mittel (↗ S. 79–80) zu berücksichtigen.

Analyse einer Rede

Bei der Analyse einer Rede sind zunächst die folgenden Fragen zu stellen:

- Ist eine vollständige Analyse gefordert?
- Ist nur ein Teilaspekt gefordert? (z. B.: Analysieren Sie die Rede. Stellen Sie dabei besonders die Absicht des Redners und die dazu eingesetzten stilistisch-rhetorischen Mittel heraus. Beachten Sie die Redesituation.)

Zu beachten ist, dass bei einer konkreten Rede nie *alle* Gesichtspunkte zum Tragen kommen können; denn es werden immer nur bestimmte rhetorische Figuren in einer Rede vorkommen.

- Zeit und Redesituation
  - Sprecher/Redner: Wer?
  - Zuhörer: Für wen?
  - Ort: Wo?
  - Zeitpunkt: Wann?
  - Anlass: Bei welcher Gelegenheit? Zu welchem Zweck?
- Inhalt/Thema
  - Um welches Anliegen geht es?
  - Wie lautet die Kernaussage, die zentrale Botschaft, der zentrale Appell?
  - Wie wird die Kernaussage erläutert, mit welchen Argumenten begründet?

- Gliederung
  - Wie ist die Rede inhaltlich gegliedert?
  - Gibt es eine Einteilung nach Hinführung, Hauptteil, Schlussteil?
- Grundtypus
  - Lässt sich die Rede einem bestimmten Typ (Feierrede, Gerichtsrede, argumentierende Rede, politische Rede oder Ausdruck, Darstellung, Appell (↗ S. 64) zuordnen?
- Absicht
  - Welches Ziel verfolgt der Redner?
  - Will er Übereinstimmung mit den Zuhörern erreichen oder will er zum Nachdenken anregen?
  - Will er die Zuhörer für einen bestimmten Standpunkt gewinnen?
  - Will er das Publikum emotional beeinflussen?
- Gestaltung/stilistisch-rhetorische Wirkungsmittel
  - Welche Mittel werden eingesetzt, um die Absicht zu erreichen? Die rhetorischen Figuren sollten nicht nur aufgelistet, sondern ihre Wirkung im jeweiligen Kontext bestimmt werden, z. B. einprägen, vertiefen, Nachdruck ausüben, sich als modern erweisen, das eigene Prestige erhöhen, einen persönlichen Kontakt zum Hörer aufbauen, sich einschmeicheln, veranschaulichen, abwerten, aufwerten, beschwichtigen, die Eindringlichkeit steigern.

Die wichtigsten stilistisch-rhetorischen Mittel (Figuren)

Bereits in der Antike werden rhetorische Muster und Ausdruckselemente entwickelt, die die Wirkung der Rede verstärken sollen. Diese vom Redner zum Zwecke der Einwirkung auf seine Zuhörer verwendeten Abweichungen von der üblichen grammatischen Form nennt man ***Figuren***.

Man unterscheidet folgende Abweichungsmöglichkeiten, deren Anzahl durch Kombination erhöht werden kann:

- Erweiterung,
- Verkürzung,
- Umstellung,
- Veränderung eines Einzelwortes.

Der Grad der Abweichung reicht vom Einzelwort bis zu ganzen Wortgruppen und Sinnzusammenhängen.

Figuren aus dem Wortbereich	Beispiel
Alliteration (Wiederholung des Anlautes bei mehreren Wörtern)	Titel, Thesen, Temperamente
Hyperbel (Übertreibung/Überspitzung)	In der Schule war die Hölle los./ Das habe ich schon tausendmal gesagt.
Fremdwort	Feeling *statt* Gefühl
Modewort	jemand outet sich
Metapher (bildhafte Übertragung)	die Glut der Liebe/Weichen für eine neue Schulpolitik
Metonymie (Umbenennung)	ein Herz (Gefühl) für Kinder/ Frankreich (die französische Fußballmanschaft) wird Weltmeister
Umschreibung	Zweitfrisur *für* Toupet
Euphemismus (Verharmlosung)	Nullrunde *für* Aussetzen einer Gehaltserhöhung
Wortspiel	Reisen *statt* rasen!
Ironie/Spott	eine tolle Leistung (das Gegenteil ist gemeint)
Personifikation	die Sonne lacht
Emphase (Hervorhebung eines Wortes)	ich betone ausdrücklich ...

Figuren aus dem Satzbereich	Beispiel
Anapher (gleiche Satzanfänge)	Die Europäer müssen zusammenrücken; die Europäer müssen etwas tun.
Ellipse (in einem Satz werden Wörter oder Satzglieder weggelassen)	Ende gut, alles gut. *Statt:* Das Ende ist gut und alles ist gut.
Chiasmus (Kreuzstellung)	Groß ist die Anstrengung, der Erfolg ist klein.
Parallelismus (benachbarte Satzglieder sind gleich gebaut)	Einer wollte es. Einer konnte es. Keiner schaffte es.
Wiederholung	Er arbeitet, er arbeitet und arbeitet.

Figuren aus dem Gedankenbereich
Vorgriff (Bezug auf Kommendes)
Rückgriff (Bezug auf Zurückliegendes)
Exkurs (eingeschobene Erklärungen)
Rhetorische Frage (Scheinfrage: Ist das nicht schon schlimm genug?)
Parenthese (Einschub)

Sinnfiguren
Aufrütteln
Kürze versprechen
Bescheidenheit
Aufwertung, Abwertung, Beschwichtigung
Beispiel
Vergleich
Sprichwort

Wichtig ist es, sich die intendierten bzw. tatsächlich erreichten *Wirkungen* einzelner rhetorischer Figuren klarzumachen, z. B.:

- Anschaulichkeit/Unterhaltung: Metapher; Vergleich; Metonymie; Wortspiel,
- Eindringlichkeit: Anapher; Wiederholung; Alliteration,
- Spannung: Vorgriff,
- kommunikative Funktion (Hörer einbeziehen): Anrede; Gruppensprache.

Sprachliche und rhetorische Wirkungsmittel spielen auch eine besondere Rolle im Bereich der Werbung (↗ S. 61 – 64) und in lyrischen Texten (↗ S. 53 – 55).

Argumentieren und Erörtern

Wenn man argumentiert, stellt man zunächst eine Behauptung/These/Forderung auf. Diese wird durch ein Argument bzw. mehrere Argumente näher begründet, um jemanden zu veranlassen, die Behauptung für richtig zu halten. Beispiele oder Belege sollten die Argumente stützen.

Behauptungen können grundsätzlich durch Gegenbehauptungen infrage gestellt werden. Auch Argumente können als nicht stichhaltig zurückgewiesen werden.

BEISPIEL Ihre Deutung ist sehr lückenhaft. *(These/Behauptung)* Sie haben nämlich nicht genau genug den Text beachtet. *(Argument/ Begründung)*
Hier haben Sie einen wichtigen Ausdruck übersehen. *(Beispiel/Beleg)*

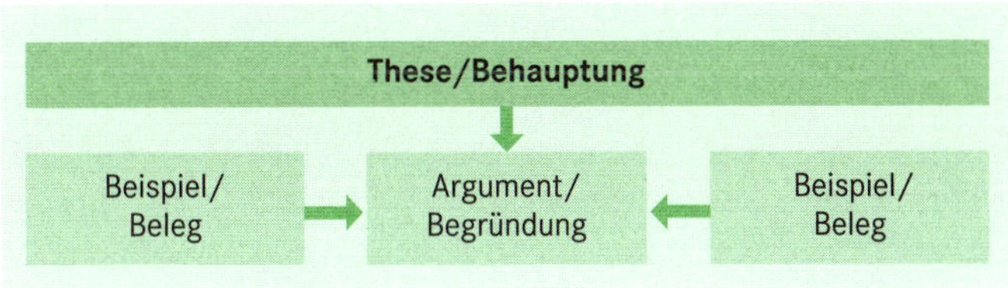

Grundstruktur einer Argumentation

Formen von Argumenten

Man unterscheidet zwischen *Argumentationsformen*,

- die vor allem im strategischen Sinne zur Beeinflussung eingesetzt werden, z. B. in der Rhetorik (Werbung ↗ S. 61 - 64, Rede ↗ S. 65 - 67),
- die im argumentativ-rationalen Sinne eingesetzt werden (z. B. bei meinungsbildenden Texten der Medien wie Kommentar und Essay (↗ S. 86 - 87).

Die Grenzen zwischen diesen beiden Formen sind fließend.

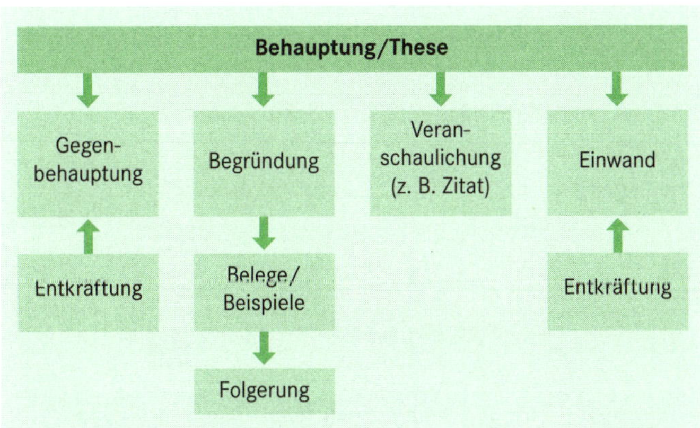

Argumentative Strukturen zur Absicherung oder Widerlegung einer Behauptung

Bei der schriftlichen Form des Argumentierens spricht man von *Erörterung* oder Erörtern. Es ist eine Form der gedanklichen Auseinandersetzung mit einem strittigen Thema bzw. strittigen Zusammenhängen in einem Text. Dabei sind wichtig:

- überzeugende Argumente,
- schlüssige Gedankenführung,
- eigene Beurteilung des Sachverhalts.

Der Schreiber setzt seine Argumente so ein, dass er seine eigene Gedankenführung deutlich macht, das heißt sein Ziel erreicht, den Leser von der Richtigkeit der vorgebrachten Meinung zu überzeugen. Erörterungen treten in unterschiedlichen Texten des Alltags auf, zum Beispiel in Kommentaren, in Texten der Sachauseinandersetzung, im Essay.

Die freie Erörterung

Man spricht von freier Erörterung (im Gegensatz zur Texterörterung), wenn es um ein Thema ohne Bindung an einen bestimmten Text geht. (In der schriftlichen Abiturprüfung geht es in aller Regel jedoch um eine Erörterung im Zusammenhang mit Texten.)

BEISPIEL Sollte Genforschung geächtet werden?

Man unterscheidet folgende Formen von Erörterungen:

- die lineare, steigernde oder reihende Erörterung (auch ***Sacherörterung*** genannt),

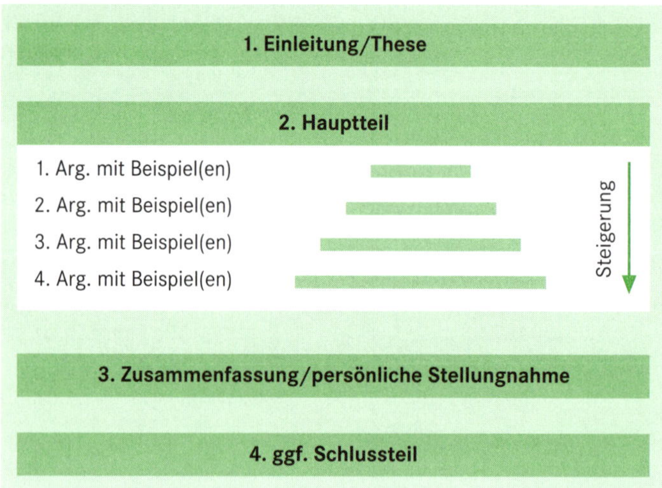

Formaler Aufbau einer Erörterung

Aus der Anordnung von Argumenten vom weniger Wichtigen zum Wichtigsten ergibt sich am Schluss die persönliche Stellungnahme des Verfassers.

BEISPIEL Erörtern Sie, aus welchen Gründen in der heutigen Zeit wissenschaftlicher Fortschritt kritisch betrachtet werden muss.

- die ***dialektische Erörterung*** im Pro-und-Kontra-Verfahren.

BEISPIEL Kann wissenschaftlicher Fortschritt auch ein Rückschritt sein?

Die literarische Erörterung

Die literarische Erörterung ist eine Erörterung zu einer speziellen Form der Thematik, die auf eine bestimmte Lektüre oder allgemeine Probleme aus dem Bereich der Literatur bezogen ist.

BEISPIELE

- Lohnt es sich noch, Klassiker wie Goethe oder Schiller zu lesen?
- Inwiefern wird Effi Briest in Fontanes gleichnamigem Roman Opfer gesellschaftlicher Konventionen?
- Kann man Georg Büchners Dramenfragment *Woyzeck* als soziale Anklage bezeichnen?
- Ist Brechts *Shen Te* ein guter Mensch? Erörtern Sie den Titel des Dramas von Brecht *Der gute Mensch von Sezuan*.
- Werden die Verbrechen Hannas als KZ-Aufseherin dadurch relativiert, dass sie Analphabetin ist (Roman *Der Vorleser* von Bernhard Schlink)?

Erwartet wird bei einem solchen Thema eine differenzierte Stellungnahme, und zwar

- zu Sachaspekten des Themas und
- zu Entscheidungs- und Wertfragen.

Solche Aufgaben lassen sich nur bearbeiten, wenn aus der entsprechenden Literatur Detailkenntnisse vorhanden sind.

Die textgebundene Erörterung

Beim Erörtern eines Sachtextes geht es darum, sich schriftlich mit einem strittigen Thema auseinanderzusetzen. Der/Die Schreibende muss das Problem erkennen, nach Lösungen suchen und seine eigene Meinung in einer schlüssigen Beurteilung vertreten. Dabei sind auch unterschiedliche Positionen zu dem Problem aufzuzeigen und Argumente abzuwägen.

1. Einleitung

2. Hauptteil

2.1. These
- 1. Argument mit Beispiel
- 2. Argument mit Beispiel
- ...

2.2. Antithese
- 1. Argument mit Beispiel
- 2. Argument mit Beispiel
- ...

2.3. Synthese
(eig. Entscheidung/Kompromiss)

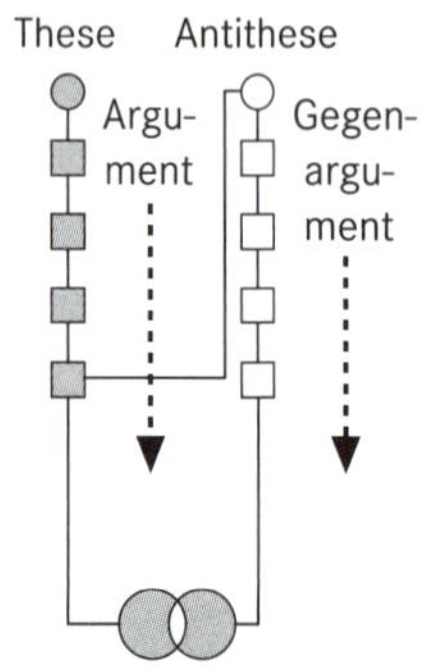

3. Schlussteil

oder

1. Einleitung

2. Hauptteil

2.1. These – 1. Argument mit Beispiel
↕
Antithese – 1. Gegenargument

2.2. These – 2. Argument
↕
Antithese – 2. Gegenargument

...

2.3. Synthese

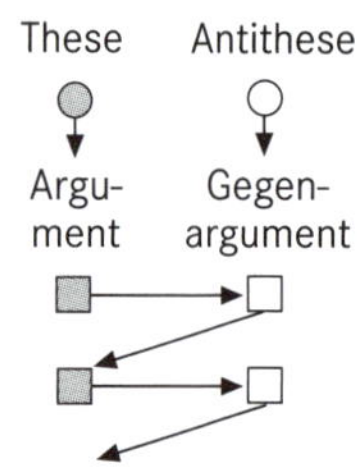

3. Schlussteil

Mögliche formale Aufbauformen für den Hauptteil einer Erörterung

Erörterungen im Zusammenhang mit fachspezifischen Meinungstexten enthalten Elemente des argumentierenden Schreibens und der Analyse von Sachtexten. In einer textgebundenen Erörterung lernt man im Umgang mit Argumenten anderer neue Gedanken kennen, aber auch Schwächen gedanklicher Logik zu durchschauen.

BEISPIEL Aufgabenstellung
Klären sie die Argumentationsstruktur des Textes; setzen Sie sich danach kritisch-wertend mit den Thesen und Argumenten auseinander und legen Sie Ihren eigenen Standpunkt dar.

Es geht also bei dieser Aufgabenart darum,
- Grundposition und argumentativen Gedankengang des Textes zu klären,
- die Argumentation kritisch zu überprüfen,
- den eigenen Standpunkt gegenüber der Fragestellung des Textes zu klären.

Voraussetzungen für die kritische Texterörterung
Die Beziehung zwischen Ihren eigenen Ansichten und denen des Verfassers kann unterschiedlich sein. Entsprechend den folgenden Grundtypen müssen Sie eine Strategie für Ihre Texterörterung wählen.
- Die Ansichten des Verfassers und Ihre Ansichten stimmen überhaupt nicht überein, sie *unterscheiden sich völlig*. Dann können Sie
  - die Prämissen des Textes überprüfen und infrage stellen,
  - die argumentative Schlüssigkeit des gesamten Textes überprüfen,
  - die Geltung einzelner Thesen einschränken,
  - einzelne Argumente des Textes entkräften.

- Die Ansichten des Verfassers und Ihre eigenen Ansichten *stimmen teilweise überein* (dies ist bei Texterörterungen am häufigsten der Fall); dann begründen Sie,
  - warum Sie mit einigen Thesen/Argumenten übereinstimmen; Sie nennen zusätzliche Pro-Argumente, die die Argumentation des Verfassers stützen.
  - warum Sie mit anderen Thesen/Argumenten nicht übereinstimmen; Sie nennen Gegenargumente, die die Argumentation des Verfassers infrage stellen.

- Die Ansichten des Verfassers und Ihre eigenen Ansichten *stimmen überein*. Eine kritische Auseinandersetzung ist in diesem Falle schwierig. Es geht bei einem solchen Text deshalb darum, dass Sie die Position des Textautors einnehmen und dabei entsprechend

- die vorgegebene Argumentation mit weiteren eigenen Argumenten abstützen und
- mögliche Gegenpositionen entkräften.

Wichtige erörternde Medientextsorten im Überblick

Kommentar

Der Kommentar gehört zu den erörternden Textformen; der Autor stellt darin seine eigene, subjektiv wertende Meinung zu einem umstrittenen Sachverhalt oder strittigen Meinungstext dar. Die eigene Position wird in erörternder Weise (in Form einer einsträngigen, steigernden Erörterung oder in Form einer dialektischen Erörterung mit These und Antithese) zum Ausdruck gebracht.

Der Kommentar darf auch essayistische Elemente enthalten; wesentlich sind Stimmigkeit und Überzeugungskraft der Argumentation.
Weitere Kriterien und Anforderungen:

- Zeitform Präsens,
- eigene Position für oder gegen den Sachverhalt oder Text begründen (↗ S. 82–86),
- eigene Argumente mit Beispielen belegen (↗ S. 81),
- begründete Wertungen.

Glosse

Sie dient vor allem dazu, die Leserschaft zu belustigen und zugleich nachdenklich zu stimmen.
Ihre Merkmale sind:

- kurze prägnante, kommentierende Textart zu aktueller Thematik (ursprünglicher Wortsinn: Randbemerkung),
- Stil: witzig; ironisch; polemisch,
- Schlusspointe, die aus Überraschungseffekten entsteht: dem Leser soll schlaglichtartig eine Erkenntnis oder Einsicht vermittelt werden; er soll einerseits unterhalten werden, zugleich geht es andererseits um ein ernstes Anliegen,
- Wirkung umso besser, je knapper und angriffslustiger,
- Mittel zur Steigerung der Wirkungen: Anspielungen; Zitate; aber auch Anapher, Anrede, Ironie, Metaphorik, rhetorische Frage, Neologismen, Archaismen,

- Doppeldeutigkeiten und Bilder können auch ironisch gemeint sein (vgl. oben),
- prägnante Überschrift,
- schneller Einstieg in die Thematik,
- Durchhalten eines Bildes, eines inhaltlichen Zusammenhangs,
- Witz und Pointe überraschend auf den Punkt bringen.

Leserbrief

Der Leserbrief nimmt in der Regel auf einen vorausgegangenen Presseartikel Bezug und hat oft erörternden, kommentierenden Charakter. Der Schreiber formuliert zunächst den Bezug auf den vorausgegangenen Artikel, danach das Anliegen bzw. Ziel des Schreibens. Er verdeutlicht seinen eigenen Standpunkt zu der Thematik, den er mit präzisen Argumenten sowie Beispielen und Belegen abstützt. Er bewertet den Artikel, indem er ihn korrigiert, ergänzt, kommentiert oder neue Fragen aufwirft. In einem knappen Schlussteil kann der Schreiber Vorschläge zur Lösung des Problems machen.

Weitere Kriterien sind:

- einfache, klare Sprache,
- wenig Platz; daher sofort auf das Hauptanliegen eingehen,
- sachliches Vertreten des eigenen Anliegens ohne persönliche Polemik.

Essay (von französisch: essayer = versuchen)

- Nicht zu umfangreicher, stilistisch anspruchsvoller, erörternder Text zu einem Thema von allgemeinem Interesse,
- assoziative Form des Erörterns; nicht analysierende Darstellung; Verzicht auf strenge Systematik in der Gedankenfolge,
- in der Regel keine neuen Fakten, sondern Bekanntes in neuer Sicht,
- Versuch und assoziatives Gedankenexperiment (vorläufig, interessant, subjektiv),
- lockere und subjektive Darstellungsweise,
- Aufbau und Gedankenführung assoziativ; Perspektivenwechsel und Durchspielen von Denk- und Lösungsmöglichkeiten,
- Sprache geschliffen, pointiert, ironisch oder aphoristisch,
- Auslösen von Denkanstößen beim Leser; emotionale Zustimmung, nicht Überzeugung des Lesers als Ziel,
- keine fest umrissene Textart; bietet großen Spielraum von Gestaltungsmöglichkeiten und persönlicher Stilnote.

3 Literaturepochen und literarische Bewegungen

3.1 Einführung

Ein literarisches Kunstwerk enthält nicht nur überzeitliche Wahrheiten, es ist auch ein geschichtliches Phänomen und muss aus der Zeit heraus verstanden werden.
Im Hinblick auf das Verstehen von Texten ist es notwendig, nach kultur-, sozial- und literaturgeschichtlichen Zusammenhängen zu fragen, um diese in das Deutungsverfahren einzubeziehen. Ebenso können fächerübergreifende Gesichtspunkte zur Philosophie, Kunst, Musik und Politik ins Spiel kommen.
Eine Periodisierung der Literaturgeschichte, die sich als Gliederungsversuch eingebürgert hat, ist notwendig, um Einzeltexte historisch einordnen zu können und um sich angesichts der Vielfalt der Texte orientieren zu können.

Bei der Kennzeichnung einer literarischen Epoche oder Bewegung werden typische gemeinsame Stiltendenzen, Inhalte und die Vorliebe für einen bestimmten Sprachgebrauch sowie häufig vorkommende ästhetische Merkmale, Textformen und die ethischen Vorstellungen der Zeit zusammengefasst.

Epochenübergänge sind fließend, manche Merkmale sind übergreifend. Die Gesichtspunkte, nach denen Epochen geordnet sind (europäische Epoche/deutsche Bewegung; politische Bezeichnung/Stilbezeichnung für Architektur oder Malerei) werden von den Literaturhistorikern nachträglich erarbeitet; ihre Gültigkeit ist relativ, weil auch die Gesichtspunkte, nach denen ausgewählt und zugeordnet wird, dem historischen Wandel unterliegen. Vor diesem Hintergrund stellen auch literarische Epochen und Bewegungen wegen der vielen Überschneidungen, individuellen Sonderformen und Verflechtungen keine nahtlose lineare Abfolge dar, sondern die Grenzen sind oft fließend.
Besonders bei den ***Epochenumbrüchen*** vom 18. zum 19., vom 19. zum 20. und vom 20. zum 21. Jahrhundert herrscht eine Gleichzeitigkeit des Verschiedenen.

BEISPIELE Das üblicherweise der literarischen Epoche Aufklärung zugeordnete Schauspiel von G. E. Lessing *Nathan der Weise* ist im gleichen Jahr erschienen wie die Prosafassung des Schauspiels von J. W. Goethe *Iphigenie auf Tauris*, das bekanntlich in seiner Kernaussage den Höhepunkt der Weimarer Klassik darstellt.
Die großen Schriftsteller Friedrich Hölderlin, Jean Paul, Heinrich von Kleist und Franz Kafka sind mit ihren jeweiligen individuellen Sonderformen kaum unter einem einheitlichen „Epochendach" unterzubringen. Für die Jahrhundertwende vom 19. zum 20. Jahrhundert sind Vielfalt und Widersprüchlichkeit einzelner Bewegungen geradezu ein Kennzeichen der Zeit.

3.2 Althochdeutsche Dichtung (um 750 – 1050)

Die althochdeutsche Epoche wird vor allem bestimmt durch die Auseinandersetzung zwischen Heidentum und Christentum. Es geht in diesem Prozess um

- Aneignung christlicher und antiker Zusammenhänge,
- Umwandlung und Unterdrückung heidnischer Vorstellungen.

Die schriftlichen Fixierungen in dieser Zeit sind gebunden an die damaligen zentralen Kulturstätten: die Klöster. Die im 10. und 11. Jahrhundert entstandenen Dichtungen sind fast ausschließlich in Latein gehalten und für den Gottesdienst bestimmt. Zur deutschsprachigen Literatur zählen die Übersetzungen lateinischer Psalmen und Gebete; diese werden in die Sprache eines Volksstamms oder Dialekts übertragen. Die in deutscher Sprache schreibenden Autoren entstammen weithin der geistlichen Schicht. Der Zweck ihres Schreibens ist zumeist die Missionierung.

BEISPIEL Der *Heliand* stellt den Versuch des Autors, eines niedersächsischen Geistlichen, dar, das Evangelium der Liebe der Gedankenwelt der Germanen anzupassen: Obwohl das Christentum Fuß gefasst hat, sind die alten heidnischen Vorstellungen noch vorhanden. Um das Interesse der kampfgeübten Germanen zu gewinnen, stehen kriegerische Auseinandersetzungen im Mittelpunkt der Handlung. Petrus erscheint als tapferer Gefolgsmann, Christus als Fürst und Dienstherr. Der Verfasser schreibt das Epos im Auftrag Ludwigs des Frommen in altniederdeutscher Sprache und Form (Stabreim und Langzeile):

▶ ZITAT

... da erboste sich
Der schnelle Schwertdegen Simon Petrus:
Ihm wallte wild der Mut, kein Wort mocht' er sprechen
So härmt' es ihn im Herzen, als sie den Herrn ihm da
Zu greifen begehrten.

(Auszug aus einer Übertragung ins Neuhochdeutsche von Karl Simrock, 1856)

Auswahl wichtiger Werke

Merseburger Zaubersprüche (vor 750)
Wessobrunner Gebet (erhalten in einer Handschrift aus dem Kloster Wessobrunn zwischen 770 und 790)
Hildebrandslied (um 800)
Muspilli, Endzeitgedicht (um 800)
Der Heliand, Epos (um 830)
Edda, Sammlung von Liedern und Sprüchen (um 1250 - 1300)
(Zur althochdeutschen Sprache ↗ S. 34 - 36)

3.3 Mittelhochdeutsche Dichtung (um 1050 – 1350)

Allgemeine Hinweise

Die literarische Epoche hat - sprachlich betrachtet - drei Abschnitte:

- die frühmittelhochdeutsche Zeit (um 1050 - 1180),
- die mittelhochdeutsche Blütezeit (um 1180 - 1250 / Tod des Staufers Friedrich II.),
- die spätmittelhochdeutsche Zeit (etwa bis 1350).

Die Literatur des Mittelalters ist Dichtung im europäischen Zusammenhang; sie ist ohne das Vorbild der französischen Adelskultur nicht denkbar und wird - bei vielen Überschneidungen - in der Frühphase vor allem von der geistlichen Schicht, in der staufischen Klassik von der ritterlich-höfischen Schicht und in der Spätphase vor allem von der bürgerlichen Schicht geprägt. Für die höfische Gesellschaft der Blütezeit ist sie Sprachrohr und Medium, sich selbst darzustellen.

Der Dualismus des mittelalterlichen Lebensgefühls von Diesseits (Weltliches / Trieb / Sinnlichkeit) und Jenseits (Göttliches / Geist / Intellekt) findet seinen Niederschlag auch in der Literatur. Das Streben nach

Harmonie (Wie kann man zugleich Gott dienen und sich in der Welt bewähren?) wird zum Leitmotiv der ritterlich-höfischen Dichtung. Der Begriff *Ritter* (ursprünglich zu Pferde kämpfender gepanzerter Krieger) erweitert in der 2. Hälfte des 11. Jahrhunderts seinen Bedeutungsinhalt: Er umfasst alle Adligen (Hochadel und Dienstadel). Die Ritterdichtung ist Standesdichtung; am Hof entwickelt die Adelsgesellschaft eine neue Standeskultur und unterwirft sich dabei einem Tugendkatalog:

- *mâze* und *zuht* - Anstand, Mäßigung, Wohlerzogenheit, Selbstzucht und -bildung. Diese verlangen unablässige *arebeit* (Anstrengung),
- *froide* und *hoher muot* - Hochgestimmtsein, Freude (darüber, zum Stand der Ritter zu gehören),
- *êre* - Ansehen, Geltung, Würde,
- *hövescheit* - Beherrschung wichtiger Umgangsformen,
- *triuwe, staete* - Beständigkeit, Verlässlichkeit,
- *milte* - Großzügigkeit,
- *minne* - Verehrung der *frouwe* (dieses Wort hat im Mittelhochdeutschen die Bedeutung *Herrin*, gemeint ist die adelige verheiratete Dame); es geht dabei um die Verehrung einer Frau und ihres Idealbildes. Wesentlich ist die Unterwerfung unter die Idee eines Höheren. Es geht nicht um Erfüllung und Erfolg, um äußeren Einfluss, um Steigerung von äußerer Macht, Reputation, Einkommen, sondern um die Mühsal des Weges: In diesem Prozess soll der Mann seelische Steigerung und ethische Vervollkommnung erfahren. Gattungen der mittelhochdeutschen Literatur sind Roman (Epos) und Lyrik (Minnesang).

Zum höfischen Roman (Epos)

Der höfische Roman gestaltet erzählerisch die Wertvorstellungen und Verhaltensnormen des Ritterstandes. Das Epos bezeichnet eine Großform erzählender Dichtung in gleichartig gebauten Versen oder Strophen; es enthält in der Regel mehrere Teile (Gesänge oder Aventiuren). Der umfangreichste Versroman der mittelhochdeutschen Zeit ist *Parzival* (Wolfram von Eschenbach). Parzival durchläuft in zahlreichen Abenteuern den Weg vom unerfahrenen Knaben *(tumber tor)* über den christlich-höfischen Artusritter zum Gralskönig (Gral bezeichnet ein mystisches Dingsymbol). Es geht in diesem Reifungsprozess um Werte der *staete*, des *muotes*, der *triuwe*. Zum Gralskönigtum führen nicht ritterliche *âventiuren*, sondern die Fähigkeit, sich erbarmen zu können, Demut zu zeigen, die eigene Schuld zu erkennen.

Zum Minnesang der mittelhochdeutschen Blütezeit

- Zur zweiten großen literarischen Schöpfung der mittelhochdeutschen Zeit gehört der Minnesang *(Hohe Minne)*. Die Dichter sind in aller Regel Mitglieder des adligen Ritterstandes. Ihre Kunst, ein Lied zu dichten, es in Musik (gebräuchlichste Instrumente sind Harfe und Fidel) zu setzen und es einem höfischen Publikum vorzutragen, ist ein Teil der höfischen Erziehung.
- Zwischen Dichter, Auftraggeber und Publikum kann in der mittelhochdeutschen Dichtung deutlich unterschieden werden. Politisch wichtige Höfe (Mäzenaten) werden zu Kulturzentren. Hier finden die Dichter im Kreis der Adeligen ihr Publikum (z. B. Regensburg, Thüringen, Meißen, Wien).
- Was wir heute von der Minnelyrik kennen, ist vor allem der Züricher Ratsherrenfamilie Manesse zu danken, die um 1300 die ihnen bekannten Lieder zusammenstellte (*Manessische Liederhandschrift* oder *Große Heidelberger Liederhandschrift*).
- Minnesang und Minnedienst gehören zum Habitus des gesellschaftlichen Verhaltens der Aristokratie.
- Aus dem Widerspruch zur Realität zieht das höfische Publikum seinen Reiz. In der Realität der aristokratischen Lebenswelt gibt es die illegitime Liebesbeziehung (für den Mann!), viele Ehen des Adels sind politisch motiviert, die Triebunterdrückung in der Ehe ist u. a. durch die strenge kirchliche Morallehre bedingt.
- Die Inhalte der ritterlich-höfischen Dichtung sind (wie alle Dichtung) kein naturgetreues Spiegelbild der Wirklichkeit. In der Minnelyrik wird das Selbstverständnis des Rittertums überhöht zu einem zeitlosen Idealbild. Es wird ein fiktives Dienstverhältnis zu einer Frau gestaltet. Dabei ist das lyrische Ich keine bestimmte Person; der lyrische Text wendet sich nicht an eine individuelle Frau. Das Wort *frouwe* (↗ S. 91) meint den Inbegriff des Weiblichen, eine Personifikation der ethischen Werte und der höfischen Gesellschaft.
- Der kulturell führenden Schicht der höfischen Ritter geht es im Minnesang um Unterwerfung unter eine höhere Idee, um sittliche Läuterung mithilfe der ästhetischen Mittel der Literatur. Ziel und Ideal der staufischen Klassik ist die innere Steigerung des Menschen (der vollendete Mensch). Dieses Ziel erfordert unablässige Anstrengung. Die triebhaften Seiten der Liebe müssen gebändigt werden, damit sich die sittlichen Kräfte entfalten können. Es ist ohne Beispiel in der

Geschichte der Literatur, dass sich die europäische gehobene Gesellschaft der höfischen Ritter diesem Erziehungs- und Verhaltensideal unterwirft.

▶ ZITAT

frouwe, daz ir saelic sît!	Herrin, mögt ihr glücklich sein!
lânt mit hulden	Lasset huldvoll
mich den gruoz verschuoden	mich den Gruß verdienen,
der an friundes herzen lît.	der Eure Zuneigung kundtut.

Der Minnesänger Walther von der Vogelweide stellt die Hochstilisierung des Frauenbildes und die spiritualisierte Form der Hohen Minne zunehmend infrage, für ihn ist sie sozial ungleichgewichtig. Er entwickelt eine neue Form der Minne *(herzeliebe)*, in der die Frau als Partnerin *(wîp)* oder in der Rolle des *frouwelîn* oder der *maget* auftritt, wobei inhaltlich auch die Liebesvereinigung thematisiert wird. In seinen Mädchenliedern entwirft Walther von der Vogelweide ein Gegenmodell: In ihnen geht es um eine echte „Ich-Du-Beziehung“, den Gegensatz zwischen Trieb und Geist in der Hohen Minne will er auflösen.

▶ ZITAT

Under der linden an der heide	Unter der Linde auf der Heide,
dâ unser zweier bette was,	wo unser beider Lager war,
Dâ mugt ir vinden	da kann man sehn
schône beide	Liebevoll gebrochen
gebrochen bluomen unde gras.	Blumen und Gras.
Vor dem walde in einem tal	Vor dem Wald in einem Tal
tandaradei,	tandaradei
schône sanc diu nahtegal.	sang schön die Nachtigall.

(Übertragen von Peter Wapnewski, 1977)

Verfall und Ende der klassischen mittelhochdeutschen Dichtung

Das Spätmittelalter ist unter anderem gekennzeichnet durch politische, soziale und kulturelle Umgestaltungen:

- Auf den Tod des Staufers Friedrich II. (1250) folgt eine mehr als 60-jährige kaiserlose Zeit.
- Das Rittertum verliert allmählich seine militärische Bedeutung, entsprechend sinkt auch in der Folgezeit sein politischer Einfluss.

- Die Städte gewinnen gegenüber dem Land an Einfluss als kulturelle und wirtschaftliche Zentren.

BEISPIEL Das Werk *Meier Helmbrecht* von Wernher der Gartenaere markiert als eine Dorfgeschichte mit tragischem Ausgang das Ende der mittelalterlichen Dichtung. Dieses Werk stellt als Zeitsatire den Konflikt zwischen Rittertum, das zum Raubrittertum geworden ist, und Bauernstand dar. Die ursprünglich hochgeschätzten Werte haben sich ins Gegenteil verkehrt; Lebensform und Ideal des höfischen Rittertums sind zur bloßen Fassade geworden. Das Werk zeigt das für das Mittelalter noch bestimmende Weltbild: Helmbrecht setzt sich über die von Gott gewollte Standesordnung hinweg. Sein Verhalten ist Gotteslästerung; die Abkehr vom eigenen Stand verdeutlicht die Ursünde des Hochmuts. Entsprechend wird er dafür bestraft und muss sein Unrecht bitter büßen: Er wird geblendet und vom väterlichen Hof verwiesen.
(Zur mittelhochdeutschen Sprache ↗ S. 36 - 37)

Auswahl wichtiger Autoren und Werke

Nibelungenlied (etwa 1150 - 1200)
WOLFRAM VON ESCHENBACH (1170 - 1225)
Parzival (Versroman)
GOTTFRIED VON STRASSBURG (1170 - 1216)
Tristan und Isolde (Minneroman)
WALTHER VON DER VOGELWEIDE (1170 - 1230)
Minnelieder
WERNHER DER GARTENAERE (zweite Hälfte des 13. Jh.s)
Meier Helmbrecht (Verserzählung)

3.4 Renaissance, Humanismus, Reformation (um 1350 – 1600)

Historischer Hintergrund

Soziale, wirtschaftliche und geistig-kulturelle Umwälzungen kennzeichnen diese Zeit des Übergangs:

- Kaisertum und Papsttum verlieren ihre beherrschende Stellung; durch den Verfall des Kaisertums steigt der Einfluss der Fürstenhöfe.
- Die folgenreichste Veränderung des Spätmittelalters stellen die Städtegründungen dar. In der Stadt wohnen auf engstem Raum (un-

abhängig vom Landesherren) unterschiedliche soziale Gruppen zusammen: das Patriziat aus Adligen, Unternehmern, Kaufleuten; Handwerker, die sich zu Zünften zusammenschließen; Geistliche; Ackerbauern; Tagelöhner; Bettler.

Zur Literatur

Während im Mittelalter das kostbare Pergament einziges Material zum Schreiben von Handschriften darstellt, kommt das preiswerte Papier dem großen Bedarf an Schriften, Flugblättern, Büchern entgegen (die erste Papiermühle entsteht im Jahre 1390). In den Städten werden Schreibstuben eingerichtet; neben die klösterlichen Bibliotheken treten fürstliche und städtische.

Aus dem Mittelalter werden die bekannten literarischen Gattungen übernommen. Neu sind insbesondere:

- Kirchenlied; Satire; Drama,
- Tendenz- und Streitdichtung (diese intentionale Publizistik erhält im Zusammenhang mit dem Buchdruck einen kommunikativen Status),
- Volksbuch (Lieblingslektüre bürgerlicher Kreise),
- Volkslied (verbürgerlichte Form der Minnelieder),
- Fastnachtsspiel,
- städtischer Meistersang (bürgerliches Gegenstück zum höfischen Minnesang).

Mit dem Ende der höfischen Kultur verliert die erste gemeinsame (überregionale) deutsche Schriftsprache des Mittelhochdeutschen (mit einer allerdings sehr schmalen sozialen Basis) ihre Bedeutung. Für die weitere sprachliche Entwicklung normierend wirken vor allem Luthers Bibelübersetzung, die kaiserlichen und fürstlichen Kanzleien sowie die Erfindung des Buchdrucks.
(Zur Sprachgeschichte ↗ S. 38–39)

Renaissance

Die Begriffe *Renaissance, Humanismus* und *Reformation* bezeichnen historische Bewegungen, die sich gegenseitig bedingen und zum Teil überschneiden.
Renaissance (frz. Wiedergeburt) meint die Wiederentdeckung der römischen Antike. Im Gegensatz zum Mittelalter glaubt man in den klassischen Werken das neue Menschenbild (Weltbejahung und Zugewandt-

heit statt Weltverneinung) am deutlichsten vorgebildet. Betont wird die Autonomie des Menschlichen.

Renaissance ist im Vergleich zu den anderen beiden Begriffen der umfassendere. Er kommt gegen Ende des Mittelalters, von Italien ausgehend, auf und betont als Sammelbegriff die kulturelle Lockerung aus mittelalterlichen Bindungen.

Humanismus

Humanismus (von lat.: humanum = das Menschliche) kennzeichnet das Ziel dieser Bewegung. Die humanistischen Gelehrten stellen ständische Vorrechte und das Bildungsprivileg des Klerus, damit auch das religiös gebundene Denken des Mittelalters, infrage. Im Mittelpunkt ihrer Beobachtungen steht der einzelne Mensch, diesen stellen sie ins Zentrum ihres Denkens. Die Beschäftigung der Gelehrten mit antiker Philosophie fordert die erneute Hinwendung zu alten Sprachen. Latein wird die Weltsprache der Gebildeten (bedeutendster Gelehrter: Erasmus von Rotterdam).

Die neue Weltsicht verlangt eine Neugestaltung von Staat, Kirche, Wissenschaft und Kunst, die freie Persönlichkeit und die Ausgestaltung von Menschlichkeit ermöglichen sollen. Die hier geforderte geistige Freiheit setzt sich jedoch erst im 18. Jahrhundert durch (Aufklärung ↗ S. 103 - 107).

Die Literaturformen der Humanisten stehen im Dienst ihrer Ideen. Geschrieben wird in (neu)lateinischer Sprache, nicht in der Volkssprache. Bevorzugt werden Gesprächs- und Briefform, Dialog, Streitschrift, Ode (feierliches Gedicht).

BEISPIEL Johannes von Tepl, *Der Ackermann aus Böhmen*
(entst. 1400/1401; veröffentlicht 1449)
Der Ackermann führt als Kläger (nach dem Tod seiner Ehefrau) ein Streitgespräch mit dem Tod als Beklagten. Es geht um die Frage, was der Mensch überhaupt wert sei, denn der Tod verachte den Menschen und verneine das Leben.
Der Dialog ist Ausdruck des veränderten Denkens: Der Mensch hat das Recht auf ein Leben im Diesseits, auf freie Äußerung, eigene Erkenntnis und eigenes Handeln.

Reformation

Die Renaissance-Bewegung bereitet den Boden für die Reformation; diese löst die nötige Breitenwirkung im Sinne einer geistigen Revolution aus.
Martin Luther (Thesenanschlag im Jahre 1517) ist von dem Gedankengut der Renaissance und des Humanismus geprägt. Bei seiner Übersetzung der Bibel greift er auf den Urtext zurück und versucht, ihn ohne Sinnverfälschung in die deutsche Sprache zu übertragen. Er ist dabei auch sprachschöpferisch tätig und orientiert sich an der sächsischen Kanzleisprache.

Für Martin Luther steht die Literatur im Dienste des Protestantismus. So dichtet der Reformator beispielsweise auch vorhandene geistliche Lieder um, wie das bekannte Weihnachtslied *Vom himel hoch da kom ich her* oder schreibt das evangelische Bekenntnislied *Ein feste Burg ist unser Gott*.

▶ ZITAT
Ich habe keine (...) eigene Sprache im Deutschen, sondern brauche der gemeinen deutschen Sprache, daß mich beide, Ober- und Niederländer, verstehen mögen. Ich rede nach der sächsischen Kanzlei, welcher nachfolgen alle Fürsten und Könige in Deutschland (...)

(Aus: Martin Luther, Sendbrief vom Dolmetschen, 1530)

(Zur Sprache in der Zeit der Reformation ↗ S. 38 - 39)

Auswahl wichtiger Autoren und Werke
JOHANNES VON TEPL (um 1350 - 1415)
Der Ackermann aus Böhmen (Streitgespräch)
MARTIN LUTHER (1483 - 1546)
Bibelübersetzung
Kirchenlieder
HANS SACHS (1494 - 1576)
Meisterlieder
Schauspiele
Fastnachtsspiele
VOLKSBÜCHER
Till Eulenspiegel
Schildbürger

3.5 Barock (um 1600–1720)

Begriff

Das Wort *Barock* lässt sich herleiten von dem portugiesischen Begriff *barucca* (Fachausdruck für eine Perle von unregelmäßiger, schiefer Form). Im 18. und 19. Jahrhundert wurde das Adjektiv *barock* oft in abwertender Bedeutung verwendet (schwülstig, grotesk, bizarr). Als Epochen- und Stilbegriff setzt sich das Wort *Barock* zunächst in der Kunstgeschichte durch. Anfang des 20. Jahrhunderts wird der Begriff schließlich auch von der deutschen Literaturwissenschaft übernommen. Er bezeichnet

- einen Stil, der durch bestimmte Merkmale gekennzeichnet ist, z. B. eine Sprache, die stark auf rhetorische Wirkung bezogen ist (Bildlichkeit, Artistik und Ästhetisierung der Form ↗ S. 100),
- den Zeitraum zwischen Reformationszeit/Renaissance und Aufklärung.

Historischer Hintergrund und Lebensgefühl der Zeit

Das prägende Ereignis der Zeit ist der Dreißigjährige Krieg mit Hungersnöten und Epidemien. Daneben gibt es weitere kriegerische Auseinandersetzungen: die Hegemonialkriege Ludwigs XIV., die Schwedenkriege und die Türkenkriege.

Der Dreißigjährige Krieg, dessen Ursprung in den religiösen Auseinandersetzungen zwischen Katholiken und Protestanten zu suchen ist, macht die religiöse Zerrissenheit Mitteleuropas deutlich, die abnehmende Bedeutung des Heiligen Römischen Reiches Deutscher Nation und das Schwinden übernationaler Konfessionsbindungen. Dieser Säkularisationsprozess hat bereits in der Renaissance begonnen. Gewinner dieses Prozesses sind die Landesherren, Verlierer der Kaiser. Die Selbstständigkeit der etwa 300 kleinen Landesherrschaften, damit eine Zersplitterung der Macht in Mitteleuropa, wird im Westfälischen Frieden 1648 bestätigt. Schroffe Gegensätze kennzeichnen dieses Zeitalter:

- Der Gegenreformation und den Hexenverfolgungen stehen bedeutende Entdeckungen in den Naturwissenschaften und der Mathematik gegenüber (Kopernikus, Galilei, Leibniz, Newton).
- Dem Elend weiter Bevölkerungsschichten korrespondieren die prunkvollen aristokratischen Repräsentationsweisen. Vorbild für die

Höfe der absolutistisch regierenden weltlichen und geistigen Fürsten ist die aufwändige Prachtentfaltung des französischen „Sonnenkönigs“ Ludwig XIV.

Die Grunderfahrungen von Gewalt, Elend und Not begründen das *antithetische Lebensgefühl* der Zeit zwischen *vanitas* (Gefühl der Leere und Nutzlosigkeit) und *carpe diem* (nutze und genieße den Tag).

Damit wird der (mittelalterliche) Dualismus von Jenseitigem (Vergänglichkeitsbewusstsein und Todesangst) und Diesseitigem (Lebenslust und Weltbejahung) wiederbelebt. Es herrscht auf der einen Seite das Bewusstsein vor, dass der Mensch und die irdische Prachtentfaltung vergänglich sind und alles irdische Streben nutzlos ist (vanitas). Daher gibt allein die Hinwendung auf das Jenseits dem Leben einen Sinn. Neben diesem Gefühl des *memento mori* (denke daran, dass du sterben musst) zeigt sich die Gier nach Lebensgenuss und Sinnenfreude (carpe diem).

Das Weltbild wird noch von der einheitlichen Idee des christlichen Glaubens geformt:
- Gott und Welt werden als ein geordnetes Ganzes verstanden.
- Leitbegriff bleibt die (religiös begründete) Ordnung; auch der gesellschaftliche Aufbau in Stände und die Herrschaft des absoluten Monarchen werden als gottgegeben angesehen.

Selbstverständnis der Barock-Dichter und Dichtungstheorie

Die politische und konfessionelle Spaltung des Reiches schlägt sich auch im literarischen Bereich nieder und führt zu einer weitgehend getrennten Entwicklung
- von protestantischer Literatur (z. B. Martin Opitz, Andreas Gryphius, die Sprachgesellschaften mit dem Ziel der literarischen Erneuerung, religiöse Erbauungsliteratur),
- von katholischer Literatur (Fortsetzung europäischer katholischer Traditionen, Literatur im Dienste der katholischen Reformbewegung, Predigtliteratur).

Die Dichter des Barock zeichnen sich insbesondere durch virtuose Kunstfertigkeit und ihr Selbstverständnis als *humanistisch gebildete Gelehrte* (in aller Regel mit Universitätsausbildung) aus (Humanismus

↗ S. 96). Es geht für sie nicht darum, innere Gefühle des eigenen Ich auszudrücken. Alles gehört einem Typ an, die Themen der Dichtung sind festgelegt und werden immer wieder variiert; sie zielen auf Wirkung: Durch eine angemessene Wahl der Gattung und der Stilebene soll das jeweilige Publikum (die niederen Volksschichten/die Angehörigen der mittleren und der höfischen Gruppierungen) erreicht werden. So entstehen neben Texten für ein literarisch vorgebildetes Publikum auch volkstümliche Texte für die breite Masse des Volkes.

Die ***Dichtungstheorie*** wird niedergelegt in *Poetiken* (oft mit angefügten Reimlexika). Nach antiker und humanistischer Auffassung ist die Poetik ein Teil der Rhetorik. Dichtung wird als Rede in Versform verstanden. Durch die virtuose Gestaltung soll sie den Zuhörer bzw. Leser erfreuen (delectare), sie soll ihm durch ihre Aussage nützlich sein (prodesse) und ihn zu einer Handlung oder Einsicht bewegen (movere).

- Die wichtigste und einflussreichste Poetik ist das *Buch von der Teutschen Poeterey* von Martin Opitz (1624): Poesie wird für lehrbar gehalten als Kunst der guten Rede, die ihrerseits von der Rhetorik abhängt. In der Poetik werden Gattung und Form normativ festgelegt und Themen für die Gestaltung vorgegeben, z. B. die Vergänglichkeit des Irdischen.
- Martin Opitz will die lateinische Dichtungslehre auf die deutsche Sprache übertragen. Dies zeigt das Bemühen um eine eigenständige deutsche Kunstrichtung und Literatursprache.

Sprache und Stil der Dichtung

Aufgrund der intendierten Wirkung der Kunst (Bezüge zur Rhetorik, vgl. oben) sind die folgenden sprachlichen und stilistischen Kriterien besonders hervorzuheben:

- Vielfalt von Gedanken-, Klang- und Wortfiguren dienen dem Schmuck der Dichtung,
- Bildlichkeit als besonderes Merkmal barocker Dichtung; üppige Metaphorik, ***Allegorie*** (von griech.: anders, bildlich reden); dabei wird ein Begriff durch ein gedanklich fassbares Bild veranschaulicht, z. B.: Vergänglichkeit = Sanduhr,
- Wiederholung/Aufzählung ähnlicher Motive,
- artifizieller Charakter von Aufbau und Form; wirkungsvolle ästhetische Virtuosität; Schema der Antithetik und der Hyperbolik (Übertreibung).

Bevorzugte Literaturgattungen

Drama

Das Barock ist die Epoche des großen europäischen Dramas, im 17. Jahrhundert entstehen herausragende Dramen der Weltliteratur. Kristallisationszentren des europäischen Theaters sind große Höfe bzw. die Hauptstädte:

England: W. Shakespeare - Elisabeth I.
Spanien: P. Calderón de la Barca - Philipp IV.
Frankreich: P. Corneille/J. Racine/Molière - Ludwig XIV.

Das ***Illusionstheater*** kommt dem Lebensgefühl der Zeit entgegen. In den großen deutschen Städten (wie München und Hamburg) entstehen Theaterbauten. Das barocke Trauerspiel (wichtigster Vertreter ist Andreas Gryphius) soll den Zuschauer erschüttern und betroffen machen. In den Poetiken der Barockzeit wird gefordert, dass in einer Tragödie nur eine Person höheren Standes im Mittelpunkt stehen darf, weil der tragische Fall eines Helden umso intensiver empfunden wird, je höher dessen sozialer Rang ist. Die Komödien handeln ausschließlich vom Leben niederer Stände (Ständeklausel); ihre Vertreter werden (im Vergleich mit den aristokratischen Kontrastfiguren, die die Normen der Gesellschaft verkörpern) als komische Typen lächerlich gemacht.

Roman

Der bis heute bekannteste Roman dieser Zeit ist *Der Abentheuerliche Simplicissimus*. Der Verfasser Hans Jakob Christoffel von Grimmelshausen gehört nicht zur üblichen Zunft der gelehrten Barockpoeten. Der Autodidakt, der eigene Erfahrungen im Dreißigjährigen Krieg verarbeitet, stellt anschaulich Sprache und Leben der unterschiedlichen Volksschichten dar. Die Handlung des Romans führt Simplizius durch die unterschiedlichen Lebensstationen bis zur Selbsterkenntnis und Erkenntnis Gottes. Der Roman thematisiert die barocke Antithetik (Gedanken an Tod/Vergänglichkeit, Buße/Askese und Lebensgier/Genusssucht/Verschwendung).

Lyrik

Das ***Sonett*** kommt, wie das Epigramm (kurzes Sinngedicht; zwei durch Reime gebundene Alexandriner), den ästhetischen Formerwartungen des Barock in besonderer Weise entgegen. Die Klarheit der Komposition eignet sich gut zur Formulierung von Heilswahrheiten.

Formale Kennzeichen des Sonetts:

- 14-zeiliges Gedicht, das sich aus zwei Vierzeilern (Quartetten) und zwei Dreizeilern (Terzetten) zusammensetzt, die jeweils gereimt sind. Die Quartette und Terzette stehen inhaltlich-argumentativ im Verhältnis von Erwartung und Erfüllung, von Spannung und Entspannung, von Voraussetzung und Folgerung, von Behauptung und Beweis,
- Zweigliedrigkeit der Verszeile (Alexandriner: jambischer sechsfüßiger Vers mit der Zäsur nach der dritten Hebung),
- Stilfiguren: Antithese, Anapher, Akkumulation, Chiasmus.

▶ **ZITAT**

Es ist alles eitel

Du siehst, wohin du siehst, nur Eitelkeit auf Erden,
Was dieser heute baut, reißt jener morgen ein;
Wo itzund Städte stehn, wird eine Wiesen sein,
Auf der ein Schäferskind wird spielen mit den Herden.

Was itzund prächtig blüht, soll bald zutreten werden.
Was itzt so pocht und trotzt, ist morgen Asch und Bein;
Nichts ist, das ewig sei, kein Erz, kein Marmorstein.
Itzt lacht das Glück uns an, bald donnern die Beschwerden.

Der hohen Taten Ruhm muss wie ein Traum vergehn.
Soll denn das Spiel der Zeit, der leichte Mensch, bestehn?
Ach, was ist alles dies, was wir vor köstlich achten,

Als schlechte Nichtigkeit, als Schatten, Staub und Wind,
Als eine Wiesenblum, die man nicht wiederfind't!
Noch will, was ewig ist, kein einig Mensch betrachten!

(Andreas Gryphius, 1637)

Das Gedicht verkörpert ein Grundgefühl der Epoche: Memento mori (↗ S. 99). Für Andreas Gryphius (1616 – 1664) ist alles Irdische nichtig und vergänglich und nur der Gedanke an die Ewigkeit und die Erlösung nach dem Tod bietet dem Menschen Ziel und Hoffnung.

Auswahl wichtiger Autoren und Werke

Martin Opitz (1597 – 1639)
Buch von der Teutschen Poeterey (Poetik)
Paul Gerhardt (1607 – 1676)
Kirchenlieder

ANDREAS GRYPHIUS (1616 -1664)
Leo Armenius (Tragödie)
Sonette, z.B. *Es ist alles eitel*
HANS JAKOB CHRISTOFFEL VON GRIMMELSHAUSEN (1621 -1676)
Der Abentheuerliche Simplicissimus (Roman)
JOHANN CHRISTIAN GÜNTHER (1695 - 1723)
Studentenlieder

3.6 Literatur der Aufklärung (um 1700 - 1800)

Historischer Hintergrund

Wichtigstes Ereignis dieser Epoche ist die Französische Revolution (1789). Das absolutistische Herrschaftssystem wird infrage gestellt; ein neues bürgerliches Bewusstsein greift Platz, der Aufbruch in eine bürgerliche und demokratische Gesellschaft zeichnet sich ab. Die Entfaltung des Ich-Bewusstseins findet seine spezifische Ausprägung

- im Sturm und Drang (↗ S. 107 - 113),
- in der Klassik (↗ S. 113 - 119),
- in der Romantik (↗ S. 119 - 122),
- im Vormärz (↗ S. 124 - 125).

Mutterland der Aufklärung als Ergebnis einer langen Auseinandersetzung ist England. John Locke (1632 - 1704) ist der bahnbrechende Theoretiker. Als Erkenntnisquelle lässt er nur die Erfahrung gelten; dies bedeutet eine Absage an Theologie und Metaphysik. In England ist die Aufklärung besonders erfolgreich: Durch den Sieg des Bürgertums und eine allgemeine gesellschaftliche Liberalisierung sowie durch den Fortschritt der Publizistik aufgrund der Pressefreiheit kommt es zum Aufbau einer öffentlichen politischen Kultur.

In der amerikanischen Unabhängigkeitserklärung (1776) beruft man sich auf die Ideen der Aufklärung, insbesondere auf die Menschenrechte, d. h. auf gleiche Rechte und Pflichten für alle.
In Frankreich wird die Aufklärung zu einer geistigen Bewegung, die einer überlebten Gesellschaftsordnung und der sie stützenden katholischen Staatsreligion den Kampf ansagt (Sturm auf die Bastille am 14. Juli 1789). Führende Gestalt unter den französischen Aufklärungsphilosophen ist Voltaire (1694 - 1778). Im Namen von menschlicher Vernunft und Gerechtigkeit fordert er Toleranz, Einfachheit und Menschenwürde.

Kennzeichen der Epoche

Mit dem Begriff *Aufklärung* bezeichnet man eine gesamteuropäische bürgerliche Bewegung, die sich über Frankreich und England im 18. Jahrhundert auch in Deutschland verbreitet. Man spricht auch vom Zeitalter der Vernunft oder des ***Rationalismus***. Die Grundsätze der Aufklärung sind vor allem

- die Überzeugung, dass es eine allen Menschen angeborene *Humanität* gebe,
- „knowledge is power" (Wissen ist Macht) und „cogito, ergo sum" (ich denke (und zweifle), also bin ich),
- geistige Freiheit.

Die Aufklärung ist eine europäische Bewegung mit geistesgeschichtlichen und literaturgeschichtlichen Akzenten. Der Glaube an die Macht der Vernunft und das Fortschrittsdenken schaffen ein neues bürgerliches Bewusstsein. Die Vorstellungen von der Autonomie des Menschen und der Bejahung des Diesseits haben sich seit Renaissance und Humanismus entwickelt. Die Gedanken der Aufklärung wirken auch im 18. und 19. Jahrhundert weiter; die Wirkungen reichen bis in unsere Zeit.

Der idealtypische Mensch der Aufklärung sieht sich nicht mehr als sündiger Mensch (wie im Mittelalter und wie zum Teil noch im Barock), sondern versteht sich als aufgeklärt im Sinne einer verstandesmäßigen vorurteilsfreien Einstellung. Analytisches und kausales Denken finden Eingang in die Bereiche von Wissenschaft, Ethik, Religion, Kunst. Idealtypisch für die Bewegung der Aufklärung sind die folgenden Aspekte:

- Das Denken in der Philosophie ist unabhängig von der Lehre der Bibel oder der Kirchenväter.
- Die neuen Erkenntnisse in der Mathematik und Mechanik (Galilei, Kepler, Newton, Leibniz) tragen zum Forschrittsdenken bei.
- Die Naturwissenschaften üben auf die Zeit eine starke Faszination aus, weil es hier um Welterkenntnisse ohne Zuhilfenahme traditioneller und religiöser Wahrheiten geht (z. B. Newtons Entdeckung der Gravitationsgesetze).
- Die Offenbarungsreligion wird infrage gestellt, an ihre Stelle treten eine natürliche Religiosität sowie persönliche Frömmigkeit und Ethik (Pietismus). Im Deismus wird die Meinung vertreten, dass Gott nur den Schöpfungsakt vollzogen hat und ansonsten nicht mehr in die Welt eingreife.

- Aus dem Gedanken des Naturrechts wird abgeleitet, dass alle Menschen, egal welcher Konfession, welcher Rasse, welchen Geschlechts, welchen Alters, mit den gleichen Rechten geboren werden. Aus diesen Menschenrechten erwächst die Absicht, mit den neuen Erkenntnissen die Öffentlichkeit zu erreichen, zu belehren und darüber aufzuklären, dass die Chance zu einem glücklichen Dasein für alle besteht.

ZITAT

Aufklärung ist der Ausgang des Menschen aus seiner selbst verschuldeten Unmündigkeit. Unmündigkeit ist das Unvermögen, sich seines Verstandes ohne Leitung eines anderen zu bedienen. Selbst verschuldet ist diese Unmündigkeit, wenn die Ursache derselben nicht am Mangel des Verstandes, sondern der Entschließung und des Mutes liegt, sich seiner ohne Leitung eines andern zu bedienen ...

(Aus: Immanuel Kant, Was ist Aufklärung?, 1784)

ZITAT

... wenn die Scham vor Unwissenheit und Unvernunft, die Begierde nach nützlichen und edeln Kenntnissen, und besonders, wenn der Respect vor der menschlichen Natur und ihren Rechten unter allen Ständen unvermerkt zunimmt.

(Aus: Christoph Martin Wieland, An welchen Folgen erkennt man die Wahrheit der Aufklärung?, 1789)

Zur Literatur

Das Wort *Aufklärung* nehmen die Schriftsteller, mit ihrem ungebrochenen optimistischen Glauben an die Wirkung aufklärerischer Literatur, wörtlich:

- Dichtung soll die bürgerliche Leserschaft bzw. das Theaterpublikum aufklären,
- sie soll der sittlichen Besserung des Zuschauers dienen und Menschenliebe lehren.

Die Sprache der Literatur soll klar und einfach im Ausdruck und verständlich sein. Der überladene, rhetorische Sprachgestus der Barockzeit wird abgelehnt.

Die Literaturformen entsprechen dem analytischen aufklärerischen Nützlichkeitsdenken der Epoche und haben einen lehrhaften und sozialkritischen Charakter:

- epische Kleinformen (Fabel, Parabel, Lehrgedicht),
- Roman, der das Versepos verdrängt; wie z. B. in den *Robinsonaden* (nach dem Vorbild von Daniel Defoes Roman *Robinson Crusoe*, 1719/1720),
- Essay; belehrende Abhandlung/Traktat,
- Dialog/Gespräch,
- Drama.

Der bedeutendste Vertreter der deutschen Aufklärung ist G. E. Lessing, der die Aufklärung zu seiner Lebensaufgabe macht und der mit seinen Dramen endgültig der deutschen Literatur zum Durchbruch verhilft. Für ihn gibt es nicht die Wahrheit an sich, sondern nur das Bemühen um die Erkenntnis der Wahrheit.

▶ ZITAT

Nicht die Wahrheit, in deren Besitz irgendein Mensch ist oder zu sein vermeinet, sondern die aufrichtige Mühe, die er angewandt hat, hinter die Wahrheit zu kommen, macht den Wert des Menschen. Denn nicht durch den Besitz, sondern durch die Nachforschungen der Wahrheit erweitern sich seine Kräfte, worin allein seine immer wachsende Vollkommenheit bestehet. Der Besitz macht ruhig, träge, stolz.

(Gotthold Ephraim Lessing, 1778)

Lessing greift in seiner Dramentheorie („Hamburgische Dramaturgie“) auf die Poetik des Aristoteles zurück. Demnach erregt die tragische Handlung Mitleid und Furcht (als „das auf uns selbst bezogene Mitleid“). Dabei werden im Sinne einer Katharsis (Reinigung) Affekte in tugendhafte Fertigkeiten verwandelt und es geht eine moralische Läuterung vor sich.

In seinem Schauspiel *Nathan der Weise* soll das Publikum zu der Erkenntnis gelangen, dass nicht die äußere Form (Befolgen dogmatischer Setzungen) die Wahrheit einer Religion ausmacht, sondern diese sich durch ethisch gutes Handeln der Menschen bzw. der Vertreter einer Religion erweist.
In der Ringparabel (dem Kern und Mittelstück des Dramas) sind mit den drei Ringen die drei Weltreligionen (Christentum, Judentum, Islam) gemeint. Die Wahrheit, der wahre Glaube wird nicht in Dogmen offenbar, sondern durch eigenverantwortliches Handeln. Jede der drei Weltreligionen hat ihre geschichtlich bedingte Eigenständigkeit und ist jeweils eine Form des Gottesglaubens.

▶ **ZITAT**

Aus dem Mittelteil der Ringparabel:

Es eifre jeder seiner unbestochnen, / Von Vorurteilen freien Liebe nach! / Es strebe jeder um die Wette, / Die Kraft des Steins in seinem Ring' an Tag / Zu legen! Komme dieser Kraft mit Sanftmut, / Mit herzlicher Verträglichkeit, mit Wohltun, / Mit innigster Ergebenheit in Gott/ zu Hilf'! ...

(Aus: Gotthold Ephraim Lessing, Nathan der Weise, 1779)

Auswahl wichtiger Autoren und Werke

JOHANN CHRISTOPH GOTTSCHED (1700 - 1766)
Versuch einer kritischen Dichtkunst vor die Deutschen (Poetik)
FRIEDRICH GOTTLIEB KLOPSTOCK (1724 - 1803)
Der Messias (Geistliches Epos, Messiade)
Oden
GOTTHOLD EPHRAIM LESSING (1729 - 1781)
Minna von Barnhelm (Lustspiel)
Hamburgische Dramaturgie (Schriften zum Theater)
Emilia Galotti (Bürgerliches Trauerspiel)
Nathan der Weise (Drama)

3.7 Empfindsamkeit/Sturm und Drang, Klassik, Romantik (um 1740 bis 1830)

Einführung

Auch in dieser Epoche mit unterschiedlichen Stilrichtungen steht die ***Autonomie*** des Menschen und sein Ich-Bewusstsein im Vordergrund. Gedanken der Renaissance (↗ S. 95), des Humanismus (↗ S. 96) und vor allem der Aufklärung (↗ S. 103 - 107) wirken weiter.

So

- steht im *Sturm und Drang* das Genie im Vordergrund, das sich seine eigenen künstlerischen Normen schafft,
- geht es in der *Klassik* um den allseitig gebildeten Menschen, um Humanität, Ausgleich, Maß,
- steht in der *Romantik* die Autonomie des Individuums im Mittelpunkt, vor allem seine künstlerische Autonomie und die Hochschätzung der inneren Natur des Menschen, seiner Träume und seiner unbewussten Triebe.

Der ***Idealismus*** (Immanuel Kant) ist eine auf Ideale gerichtete Weltanschauung und philosophische Strömung, die davon ausgeht, dass es über der Wirklichkeit eine Welt der Ideen gibt. Ohne den Philosophen Immanuel Kant (1724 - 1804), der den ***Rationalismus*** der Aufklärungsphilosophie überwindet (allein aus der Vernunft Erkenntnisse zu gewinnen), wäre das Geistesleben von Klassik und Romantik nicht denkbar. Der Idealismus fasst die Erscheinungswelt als Produkt des Geistes auf. Die Dinge an sich vermag der menschliche Geist nicht zu erfassen, weil er an die besondere Struktur seines Bewusstsein gebunden ist. Daraus ergibt sich, dass metaphysische Fragen wissenschaftlich nicht mehr gelöst werden können. Was dem Erkennen versagt bleibt, ist jedoch dem Wollen möglich, weil der Mensch als autonomes Vernunftwesen im Bewusstsein der menschlichen Freiheit und seiner sittlichen Verantwortung sein Wollen nach gültigen Prinzipien regeln kann. Voraussetzung des sittlichen Handelns ist der Wille, Grund für das sittliche Handeln ist die Pflicht. Der kategorische Imperativ drückt dies so aus:

ZITAT

Handle so, dass die Maxime (subjektiver Grundsatz) deines Willens allzeit zugleich als Prinzip einer allgemeinen Gesetzgebung gelten könnte.

(Aus: Immanuel Kant, Kritik der praktischen Vernunft, 1788)

Kants Wirkung auf die Dichter ist tiefgreifend, denn er löst die Kunst aus ihrem Zweck-Zusammenhang und begründet so den Eigenwert des Schönen, wodurch das Ich neben erkenntnistheoretischer Autorität auch eine absolute künstlerische Autorität gewinnt. Neu ist auch die Auffassung von der Natur; sie wird in einem umfassenden Sinn verstanden. Hier treffen sich Gedankengänge J.-J. Rousseaus („Zurück zur Natur!“, d. h.: freie Entfaltung der Persönlichkeit auf der Grundlage von Empfindung und Natur) und des ***Pantheismus*** (das Göttliche ist wirksam in jedem Vorgang und in jeder Gestalt der Natur). Der Künstler ist durch die Kraft seiner Natur zum Künstlertum befähigt.
(Zum Geniebegriff ↗ S. 109, 111)

Sturm und Drang – „Geniezeit“ (um 1770 – 1789)

Beeinflusst werden die Dichter des Sturm und Drang durch die europäische Bewegung der *Empfindsamkeit* (um 1740 - 1780), die eng mit dem Pietismus (lat.: pietas = Frömmigkeit) verbunden ist, einer auf Intensivierung des religiösen Lebens gerichteten Erneuerungsbewegung.

Empfindsam und *Herz* werden zu Modewörtern. Die neue Gefühlskultur schlägt sich in Genres nieder wie *Erlebnislyrik, Briefroman, Tagebuch, Autobiografie*, die sich vorzüglich zur Darstellung individueller Gefühle eignen.

Der Begriff *Sturm und Drang* geht zurück auf den Titel eines Dramas von Maximilian Klinger. Man spricht auch von Geniezeit, weil in dieser Epoche Kreativität und Genialität des künstlerischen Individuums betont werden.

- Der Sturm und Drang ist eine neue literarisch-revolutionäre Bewegung junger Literaten, die eine unmittelbare Empfindung für die Natur entwickeln und hergebrachte dichterische Formen infrage stellen. Das Ideal der Zeit ist nicht mehr (wie in der Aufklärung) der vernünftige Mensch, sondern der natürliche und unverbildete Mensch mit seiner Individualität. Betont wird die Ganzheit des Menschen als Einheit von Verstand und Gefühl. Oberste Maxime wird die schrankenlose Selbstentfaltung des Individuums, seine Spontaneität und Selbsterfahrung.
- Die Bewegung stellt eine Weiterentwicklung der Aufklärung, nicht Gegensatz oder radikale Umkehr dar: Herz und Gefühl werden als Gegenbegriffe zur Vernunft verstanden.
- Die Bewegung hat eine sozialreformerische Komponente: Die jungen Schriftsteller greifen offen die feudale Gesellschaftsordnung an. Friedrich Schiller geißelt z. B. in seinem Drama *Kabale und Liebe* die Praxis mancher Fürsten, ihre Untertanen als Soldaten ins Ausland zu „verkaufen".
  Der folgende Gedichtauszug ist ein Beispiel für die sozialkritische Zielrichtung der Literatur.

▶ ZITAT

Der Bauer
An seinen durchlauchtigsten Tyrannen

Wer bist du, Fürst, dass ohne Scheu
Zerrollen mich dein Wagenrad,
Zerschlagen darf dein Ross?
...
Ha! Du wärst Obrigkeit von Gott?
Gott spendet Segen aus; du raubst!
Du nicht von Gott, Tyrann!

(Aus: Gottfried August Bürger, Der Bauer, 1775)

- Theoretiker und Anreger sind vor allem der französische Philosoph Jean-Jaques Rousseau und der deutsche Schriftsteller, Philosoph und Theologe Johann Gottfried Herder. Johann Wolfgang Goethe setzt die Anregungen in die Praxis der Literatur um: Als echte Lyrik gilt die Erlebnislyrik. Der lyrische Sprecher im Gedicht bringt unmittelbar sein persönliches Erleben zum Ausdruck. Begriffe wie *Herz, Schmerz, Natur, Abend, Nacht, Freundschaft, Liebe, Einsamkeit* sind Schlüsselwörter, die die Unmittelbarkeit des Gefühls ausdrücken. Die unmittelbare Empfindung und das spontan gesprochene Wort stehen im Vordergrund, wofür Ausrufe und abgebrochene Sätze oft ein Beleg sind. Die folgenden Beispiele und Auszüge sind typisch für die Dichtung der Empfindsamkeit bzw. des Sturm und Drang.

ZITAT

Maifest

Wie herrlich leuchtet
Mir die Natur!
Wie glänzt die Sonne!
Wie lacht die Flur!
…

O Mädchen, Mädchen,
Wie lieb' ich dich!
Wie blinkt dein Auge,
Wie liebst du mich!

So liebt die Lerche
Gesang und Luft,
Und Morgenblumen
Den Himmelsduft.

Wie ich dich liebe
Mit warmem Blut,
Die du mir Jugend
Und Freud' und Mut

Zu neuen Liedern
Und Tänzen gibst.
Sei ewig glücklich,
Wie du mich liebst!
…

(Aus: J. W. Goethe: Maifest, entst. 1771; in einer Umarbeitung aus dem Jahre 1789 erhält das Gedicht den Titel „Mailied")

ZITAT

Eine wunderbare Heiterkeit hat meine ganze Seele eingenommen, gleich den süßen Frühlingsmorgen, die ich mit ganzem Herzen genieße. Ich bin allein und freue mich meines Lebens in dieser Gegend, die für solche Seelen geschaffen ist wie die meine. Ich bin so glücklich, mein Bester, so ganz in dem Gefühle von ruhigem Dasein versunken, dass meine Kunst darunter leidet ...

(Aus: J. W. Goethe, Die Leiden des jungen Werthers, 1774; Auszug aus dem Brief vom 10. Mai)

- Vorbilder für die neue Auffassung sind die Dichter William Shakespeare, Friedrich Gottlieb Klopstock, Homer sowie die Bibel und die Volkslieder (Einfluss Herders). Der Begriff des *Genies* wird auch auf den Dichter übertragen (bezogen auf die schöpferische Kraft des Dichters, der frei ist von Bevormundung). Symbolfigur ist der Halbgott Prometheus, der Selbstherrlichkeit und Unabhängigkeit gegenüber den Normen der Gottheit verkörpert. Das dichterische Genie, das selbst Anteil am Göttlichen hat, wiederholt den Schöpfungsakt Gottes.
  Der folgende Auszug aus Goethes Hymne *Prometheus* verdeutlicht diesen Anspruch.

ZITAT

Bedecke deinen Himmel, Zeus
Mit Wolkendunst!
Und übe, Knaben gleich,
Der Disteln köpft,
An Eichen dich und Bergeshöhn!
...
Ich kenne nichts Ärmer's
Unter der Sonn' als euch Götter.
...
Hier sitz' ich, forme Menschen
Nach meinem Bilde,
Ein Geschlecht, das mir gleich sei,
Zu leiden, weinen,
Genießen und zu freuen sich,
Und dein nicht zu achten,
Wie ich.

(Aus: J. W. Goethe, Prometheus; entst. 1774)

Bevorzugte Gattungen

Drama

Im Mittelpunkt von Sturm-Drang-Dramen stehen sozialrevolutionäre Inhalte. In Goethes Drama „Götz von Berlichingen" kämpft die Hauptfigur für die Freiheit und gegen die nach Selbstständigkeit strebenden Fürsten. In Schillers Drama *Die Räuber* will der Räuberhauptmann Karl Moor sogar die ganze Weltordnung verändern. Das dichterische Genie hat auch das Recht, sich von Begrenzungen und formalen Regeln zu lösen. So wird im Gegensatz zum klassizistisch verstandenen aristotelischen Drama die strenge Verssprache durch Prosa ersetzt, die auch alltagsnahe Sprache, Derbheiten, Mundart und Ausrufe enthält. Die geschlossene Dramenform und die Einheit von Ort, Zeit und Handlung werden ersetzt durch ein lockeres Handlungsgefüge, häufigen Ortswechsel, Kurzszenen und Episodenreihungen (***offene Dramenform*** ↗ S. 51 - 52).

Lyrik

Die Lyrik dieser Zeit ist stark beeinflusst durch F. G. Klopstock und durch die literarische Bewegung der Empfindsamkeit (↗ S. 107). Unmittelbare Empfindungen und Gefühle, eigene Erlebnisse werden zur Grundlage von Gedichten. Goethes *Sesenheimer Lieder* (1771) entstehen unter dem Einfluss der Liebe zu Friederike Brion, einer Pfarrerstochter aus Sesenheim bei Straßburg.

Roman

Typisch für diese Zeit ist der Briefroman, der Gestaltungsmöglichkeiten aus der individuellen Perspektive einer Romanperson bietet, z. B. Goethes *Die Leiden des jungen Werthers.*

Ballade

Aus der Volksballade (mündlich überlieferte Tanzlieder der unteren Volksschichten) entwickelt sich die Kunstballade (Verbindung von epischem Bericht, lyrischer Stimmung und dramatischer Handlung).

Auswahl wichtiger Autoren und Werke

Friedrich Gottlieb Klopstock (1724 - 1803)
Gedichte
Johann Gottfried Herder (1744 - 1803)
Abhandlungen über den Ursprung der Sprache

JOHANN WOLFGANG GOETHE (1749 - 1832)
Götz von Berlichingen mit der eisernen Hand (Drama)
Die Leiden des jungen Werthers (Briefroman)
Gedichte, z. B. *Mailied, Prometheus*
Urfaust
JAKOB MICHAEL REINHOLD LENZ (1751 - 1792)
Die Soldaten (Drama)
FRIEDRICH MAXIMILIAN KLINGER (1752 - 1831)
Sturm und Drang (Drama)
FRIEDRICH SCHILLER (1759 - 1805)
Die Räuber (Drama)
Kabale und Liebe (Drama)

Weimarer Klassik (um 1786 - 1805)

Historische Zusammenhänge und Bedingungen

Goethes Italienreise (1786) und sein Studium der Antike lässt sich als Beginn der Weimarer Klassik benennen, Schillers Tod als Ende. Insofern kann man die Weimarer Klassik auch als die Zeit der intensiven zehnjährigen Zusammenarbeit zwischen den beiden Dichtern Goethe und Schiller bestimmen (1795 - 1805). In dieser Zeit formulieren sie ihre poetischen Visionen von menschlich mustergültigen überzeitlichen Wertvorstellungen.
Die gedankliche Auseinandersetzung mit Literatur und Philosophie rangiert eindeutig vor der geistigen Auseinandersetzung mit Politik und Staat. Die Ereignisse in Frankreich (Revolution 1789) führen in Deutschland zu keiner vergleichbaren revolutionären Bewegung.

Gegen Ende des 18. Jahrhunderts entwickelt sich die politisch bedeutungslose Residenzstadt des Herzogtums Weimar mit Goethe, Schiller, Wieland und anderen zum kulturellen Mittelpunkt Deutschlands, wo für mehrere Jahrzehnte die intellektuellen Debatten geführt werden. Klassik und Romantik gelten, im Zusammenhang mit dem *Idealismus* Kants (↗ S. 108), als ein nie wieder erreichter Höhepunkt deutscher Geistesgeschichte.

Typisch für die Weimarer Klassik sind:
- die Förderung durch einen Fürstenhof (Mäzenatentum),
- die tiefe ästhetische Überzeugung von der Autonomie der Kunst (↗ S. 107),

- der Bezug zur Antike, deren Werke (neu) entdeckt werden (Humanismus, Renaissance ↗ S. 95–96). In der Antike sieht man die Harmonie von Geist und Körper und das Vorbild für eine Wiedergeburt abendländischer Größe. Angeregt werden die Dichter durch den Kunsttheoretiker Johann Joachim Winckelmann, der die antike Kunst (Einfachheit, Proportion, Harmonie) wiederentdeckt und zum alleingültigen Vorbild erklärt (vgl. seine griffige Kennzeichnung der antiken Kunst als „edle Einfalt und stille Größe“). Das Mittel, um die Menschen zur Humanität und Harmonie (Menschlichkeit, Toleranz, Maß, Vollendung, Übereinstimmung von Geist und Gefühl) auszubilden, sei die Kunst, die das Ideal zeige und die Wahrheit gestalte. Sie könne den Ausgleich zwischen Geist und Sinnlichkeit und anderen Gegensätzen herbeiführen. Die dichterischen Bearbeitungen antiker Stoffe sind Neuschöpfungen aus dem Geist der *Humanität* (Goethes *Iphigenie auf Tauris*; Schillers *Der Ring des Polykrates*).

Kunstauffassung: Autonomie der Kunst

Die Kunst hat ihren Zweck in sich selbst. Dies steht im Gegensatz zur Kunstauffassung der Aufklärung (↗ S. 105). Die Kunst soll keine Affekte hervorrufen oder Lehren vermitteln; sie wird vielmehr zur Vermittlerin einer höheren Ordnung und löst den Menschen aus dem Natürlichen und Triebhaften und macht ihm seine höhere Bestimmung bewusst. Sowohl Goethe (von seinen naturwissenschaftlichen Studien ausgehend) als auch Schiller (von historischen und philosophischen Studien ausgehend) versuchen einen Ausgleich zwischen Pflicht und Neigung, zwischen Gesetz und Freiheit, zwischen Verstand und Gefühl. Die Kunst gilt als die von der Politik losgelöste „Gegenwelt“. Sie soll die Voraussetzungen für politisch-gesellschaftliche Veränderungen schaffen, indem mithilfe der durch sie gewonnenen individuellen Freiheit und Bildung der Bürger ein politischer Emanzipationsprozess bewirkt wird. In der Lyrik tritt an die Stelle freier Rhythmen (Sturm und Drang ↗ S. 110) eine Sprache, die nach strengen Kunstgesetzen gestaltet ist. Für das Drama ist der Blankvers (fünffüßiger ungereimter Jambus (↗ S. 56) bevorzugtes Metrum.

Kennzeichen der Epoche

- Ein Leitgedanke der Aufklärung, die *Autonomie* des Menschen, bleibt weiterhin wirksam, ebenso wie Menschenwürde, Selbstbestimmung und Toleranz. Jeder Mensch trägt die natürlichen Anlagen zur sittli-

chen Selbstbestimmung in sich selbst und kann zur vollen Entfaltung aller moralischen, intellektuellen und kreativen Möglichkeiten kommen. Das Ideal der Humanität erfüllt sich im Gegensatz zum Sturm und Drang nur dadurch, dass der Einzelne sich eingebunden fühlt in die Verantwortung gegenüber der Gemeinschaft und dem Sittengesetz. Humanität bleibt eine Forderung, nach deren Verwirklichung zu streben ist.
Die Künstler der Klassik vertreten ein humanes Weltbürgertum (vgl. Aufklärung ↗ S. 103), nationalistisch-engstirnige Denkweisen werden abgelehnt. So gilt das Interesse des klassischen Goethe u. a. der Weisheit und Mystik des Orients (vgl. die Liedersammlung *West-östlicher Divan*, 1814/1819).

- Der Mensch vermag als Vernunftwesen sein Handeln aus freiem Willen heraus zu gestalten, Triebe und Neigungen zu unterwerfen und nach allgemeingültigen Prinzipien auszurichten. Das Gutsein wird so zu einer individuellen Leistung. Der Mensch ist von höheren Mächten abhängig. Es gibt ein vom einzelnen Menschen unabhängiges Moralgesetz.

- Im Gegensatz zur Sturm-und-Drang-Bewegung, in der die schrankenlose Selbstentfaltung des Individuums und die schöpferische Freiheit vertreten wird, wächst das Bedürfnis nach Gesetz, Maß und Regel. Als Prinzipien gelten das organische Wachstum sowie Ausgleich und Harmonie. In der Weimarer Klassik finden insgesamt wichtige Strömungen der Geistes- und Kulturgeschichte zusammen, beispielsweise die Vorstellungen von antiker Kunst (Renaissance ↗ S. 95), von Humanismus (↗ S. 96), von aufgeklärtem Bewusstsein (↗ S. 104), von der Autonomie des Subjekts und seiner Gefühle (↗ S. 104).

Als Beispiele können die folgenden Auszüge aus J. W. Goethes *Grenzen der Menschheit* bzw. aus F. Schillers *An die Freude* gelten. Im Vergleich zu Goethes Sturm-und-Drang-Hymne *Prometheus* (↗ S. 111) wird einerseits die Begrenztheit des Menschen zwischen den Polen des Irdischen und Göttlichen und dessen neue Einstellung *Demut* und *Ehrfurcht gegenüber der Gottheit* deutlich und andererseits die Überzeugung von einer künftigen aufgeklärten Gesellschaft ohne ständische Schranken und die Vision von Menschen, die sich im gemeinsamen Glauben an ein höheres Wesen verbunden fühlen. (↗ Zitate S. 116)

▶ ZITAT

Wenn der uralte
Heilige Vater
Mit gelassener Hand
Aus rollenden Wolken
Segnende Blitze
Über die Erde sät,
Küss ich den letzten
Saum seines Kleides,
Kindliche Schauer
Treu in der Brust.

Denn mit Göttern
Soll sich nicht messen
Irgendein Mensch ...
Ein kleiner Ring
Begrenzt unser Leben ...

(Aus: J. W. Goethe, Grenzen der Menschheit, 1789)

▶ ZITAT

Freude schöner Götterfunken,
Tochter aus Elysium,
Wir betreten feuertrunken,
Himmlische, dein Heiligtum.
Deine Zauber binden wieder,
Was die Mode frech geteilt;
Alle Menschen werden Brüder,
Wo dein sanfter Flügel weilt.
Chor
Seid umschlungen, Millionen!
Diesen Kuss der ganzen Welt!
Brüder – überm Sternenzelt
Muss ein lieber Vater wohnen ...

(Aus: F. Schiller, An die Freude, 1803)

- Die Weimarer Klassik entwickelt ein strenges Ethos der Form. Hinter den Einzelerscheinungen wird das Allgemeingültige, Wesentliche, das Typische der Formen gesucht. Im 18. Jahrhundert hat sich die Sprache zu einer differenzierten Literatursprache (vgl. mittelhochdeutsche Literatursprache ↗ S. 36–37) entwickelt, an deren Erweiterung alle bedeutenden Autoren dieser Zeit ihren Anteil haben. Dieser Kunst-Sprache entspricht ein bestimmter Sprachgebrauch. Die Wirklichkeit wird nicht naturalistisch wiedergegeben, umgangssprachliche Wendungen und dialektale Ausdrücke scheiden aus, ebenso individueller oder ironischer Ausdruck.

Man muss sich bewusst machen, dass die Deutsche Klassik/Weimarer Klassik nur *eine* (bedeutende) Literaturströmung neben anderen zur gleichen Zeit ist (↗ S. 88 - 89). Sie stellt nur *eine* Theorie von Literatur dar. Die zehnjährige Zusammenarbeit zwischen Goethe und Schiller lässt sich durchaus auch als „Weimarer Experiment" verstehen.

Bevorzugte Literaturgattungen

Lyrik

Schiller formuliert in seinen philosophischen Gedichten kunsttheoretische Überlegungen. Goethes klassische Lyrik wird (im Gegensatz zum Sturm und Drang) ausgeglichen und vergeistigt. Es wird Idealtypisches zum Ausdruck gebracht.

Antike Formen wie Hymne, Elegie und Ode finden Verwendung, ebenso antike Metren wie Distichon und Hexameter (↗ S. 56). Mit der eher volkstümlichen Form der Ballade wollen Goethe und Schiller ihr idealistisches Kunstverständnis einem breiten Publikum vermitteln.

Drama

Bevorzugte Gattung der Weimarer Klassik ist das Drama. Die Stoffe entstammen in der Regel der Geschichte (z. B. Schiller, *Wilhelm Tell*) oder der griechischen Mythologie (z. B. Goethe, *Iphigenie auf Tauris*). Thematisch geht es um klassische Ideale wie *Freiheit* oder *Humanität*. Prosaentwürfe aus der Zeit des Sturm und Drang werden zum Teil in Verse umgeschrieben (vgl. z. B. Goethes Arbeit an den Dramen *Faust* und *Iphigenie auf Tauris*).

Die stilisierenden Tendenzen zeigen sich vor allem in einer gebundenen typisierenden Sprache (Versmaß der deutschen Klassik ist der *Blankvers* (↗ S. 56). Typisch ist die geschlossene Form (↗ S. 52) des klassischen Dramas.

BEISPIEL Goethes Drama *Iphigenie auf Tauris*: Iphigenie fühlt sich bei ihren Entscheidungen der „Stimme der Wahrheit und der Menschlichkeit" verpflichtet.

Roman

Der Bildungsroman stellt die geistig-seelische Entwicklung einer Person in der Auseinandersetzung mit der Welt dar. Dabei ist das Bildungsideal der Humanität maßgebend.

Auswahl wichtiger Autoren und Werke

JOHANN WOLFGANG GOETHE (1749 - 1832)

Faust I/Faust II

Iphigenie auf Tauris (Drama)

Wilhelm Meisters Lehrjahre (Bildungsroman)

Dichtung und Wahrheit (Autobiographische Schrift)

Balladen/Gedichte, z. B. *Der Zauberlehrling, Das Göttliche, Grenzen der Menschheit*

Zur Farbenlehre (Wissenschaftliche Abhandlung)

FRIEDRICH SCHILLER (1759 - 1805)

Don Carlos (Drama)

Wallenstein (Drama)

Maria Stuart (Drama)

Wilhelm Tell (Drama)

Balladen/Gedichte, z. B. *Die Bürgschaft; Der Ring des Polykrates*

Über die ästhetische Erziehung des Menschen (Philosophische Schrift)

Die Schaubühne als moralische Anstalt betrachtet (Theatertheoretische Schrift)

Dichter zwischen Klassik und Romantik (Auswahl)

JOHANN PETER HEBEL (1760-1826)

Kalendergeschichten, z. B. *Kannitverstan, Unverhofftes Wiedersehen*

JEAN PAUL (1763-1825)

Leben des vergnügten Schulmeisterlein Maria Wutz in Auenthal (Roman)

Siebenkäs (Roman)

FRIEDRICH HÖLDERLIN (1770 - 1843)

Hyperion (Roman)

Gedichte, z. B. *Hälfte des Lebens, Diotima*

HEINRICH VON KLEIST (1770 - 1843)

Prinz Friedrich von Homburg (Drama)

Erzählungen, z. B.: *Das Erdbeben in Chili*

Novellen, z. B.: *Michael Kohlhaas*

Anekdoten, z. B : *Anekdote aus dem letzten preußischen Kriege*

Über das Marionettentheater (Kunsttheoretische Schrift)
Über die allmähliche Verfertigung der Gedanken beim Reden (Sprachtheoretische Schrift)

Romantik (um 1795–1830)

Einführung

Die Romantik als Epoche ist gekennzeichnet durch ihre relativ lange Dauer, ihre Vielfalt und ihre Widersprüchlichkeit. Man unterscheidet:

- die Frühromantik (1795–1805) – im Zeichen der Französischen Revolution,
- die Hochromantik (1806–1815) – im Zeichen der Befreiungskriege,
- die Spätromantik (1815–1830) – im Zeichen der Restauration.

Ausgehend von den Ideen des Organischen, Ursprünglichen, Natürlichen erhalten Begriffe wie *Volk, Nation, Religion* eine besondere Bedeutung. Sie werden zumeist in ästhetischer Weise vermittelt. Außerdem wird die in Vergessenheit geratene Welt des Mittelalters (↗ S. 120) neu entdeckt.

Geistesgeschichtlich stellt die Epoche die letzte Stufe des ***Idealismus*** (↗ S. 108) dar. Die romantische Poetologie lehnt das im 19. Jahrhundert noch weithin bestimmende Prinzip der Naturnachahmung in der Kunst ab.

Typisch für diese Zeit ist, dass sich Dichterinnen und Dichter zu Freundeskreisen zusammenschließen. Zum ersten Mal spielen belesene und selbstbewusste Frauen eine wichtige Rolle, z. B. Bettina Brentano, Caroline und Dorothea Schlegel, Karoline von Günderode.

Kennzeichen der Epoche

- Die Epoche der Romantik verläuft zeitweise parallel zur Epoche der Weimarer Klassik. Im Gegensatz zu dieser ist die Romantik jedoch eine europäische Bewegung. Es gibt ein lebhaftes Interesse an Dichtungen anderer Sprachen, sodass zahlreiche Übersetzungen entstehen. Die Romantik knüpft an Gedanken des *Sturm und Drang* an (↗ S. 108–113), z. B. in der Hochschätzung der Gefühle und in der Wertschätzung der Volkspoesie; mit der Weimarer Klassik verbindet sie die hohe Einschätzung der Kunst. Der wichtigste Unterschied zur Klassik liegt darin, dass Traum und Unterbewusstsein eine besondere Geltung erfahren.

- Bestimmende weltanschauliche und ästhetische Prinzipien sind Subjektivität und Universalität. So vertreten die Romantiker die absolute künstlerische ***Autonomie***: Das künstlerische Genie erfasst poetisierend alle Lebensbereiche (vgl. unten). Der Dichter ist keinerlei Reglementierung unterworfen. Alle bislang gültigen Grenzen der Realitätserfahrung werden negiert. Die romantischen Dichter setzen sich vom Formideal der Klassik ab.
  Der Literaturbegriff wird ausgeweitet auf die ***Volkspoesie*** (Volkslieder, Märchen, Sagen). Besonders im Märchen sehen die Romantiker Ursprung und Wesen der Poesie: „Es gibt keinen wahren Realismus als den der Poesie." (Friedrich Schlegel).

- Die Romantiker verlangen unbeschränkte dichterische Freiheit (vgl. oben). *Motive der Romantik* sind vor allem: Sehnsucht, Streben nach Entgrenzung, das Wunderbare und Fantastische, die Abkehr von der Einförmigkeit des bürgerlichen Lebens/Philistertums, Wandern, Suche nach dem Unbekannten, Natur, Leiden an der Entfremdung von der Natur, Melancholie, Wehmut, Liebe, Vergangenheitsbezug, insbesondere der Bezug auf das Mittelalter. Auch das Unheimliche und die innere Natur des Menschen (Triebe, Unbewusstes) werden einbezogen. Überspitzte Gefühle und Nachtseiten der menschlichen Seele (wie Dämonie, Wahnsinn, Schwärmerei) stehen nicht selten im Mittelpunkt der Dichtung.

- Weit mehr als in der Weimarer Klassik findet die Romantik ihren Ausdruck in den verschiedenen Künsten: Dichtung, Malerei (z. B. Caspar David Friedrich), Musik (z. B. Franz Schubert, Robert Schumann, Carl Maria von Weber) und den Wissenschaften. Friedrich Schlegel spricht von ***progressiver Universalpoesie***. Die Kunst soll in das Leben eindringen und die Gesellschaft poetisieren, sie soll alle Lebensbereiche durchdringen. In einem Gesamtkunstwerk sollen die Gattungen der Literatur zusammengeführt, ***Volkspoesie*** und ***Kunstpoesie*** verbunden werden. Die romantische Poesie wird als progressiv verstanden: Sie entwickelt sich immer weiter und kann nicht zu einem Ende gebracht werden. Entsprechend bleiben auch viele Prosa-Dichtungen Fragment.
  Die romantische Ironie wird von Ludwig Tieck definiert als die Kraft, „die dem Dichter die Herrschaft über den Stoff erhält" und die ihm seine Souveränität sichert im Spiel mit den literarischen Formen und Techniken. Auch das Fragmentarische vieler Werke folgt aus dem

Prinzip der romantischen Ironie: Die grundsätzliche Unabgeschlossenheit romantischer Kunstwerke erscheint als Fragment am Erträglichsten. Eine allgemeingültige Poetik haben die Romantiker nicht entwickeln können.

Das Gedicht von Novalis *Wenn nicht mehr Zahlen und Figuren* ist ein programmatischer Text der Romantik: Rationales Denken und naturwissenschaftliche Versuche können den Weltzusammenhang nicht erklären, dagegen führen Märchen und Poesie zu ewigen Wahrheiten. Der Künstler ist der Mittler wahrer Erkenntnis.

▶ ZITAT

Wenn nicht mehr Zahlen und Figuren
Sind Schlüssel aller Kreaturen, (...)
Und man in Märchen und Gedichten
Erkennt die ew'gen Weltgeschichten,
Dann fliegt vor Einem geheimen Wort
Das ganze verkehrte Wesen fort.

(Aus: Novalis, d. i. Friedrich von Hardenberg, Wenn nicht mehr Zahlen und Figuren, 1802)

Bevorzugte Literaturgattungen

Märchen

Die Hochschätzung des Märchens wird im Sturm und Drang vorbereitet. Die Märchensammlungen der Brüder Grimm und von Bechstein sowie die Märchendichtungen (Kunstmärchen) der Romantiker treffen auf großes Interesse.

Roman, Erzählung, Novelle

Im Sinne der *progressiven Universalpoesie* Schlegels sind in den Prosagattungen verschiedene Formen der Poesie vermischt.So gilt die Lyrik weniger als autonome Gattung, sondern vielmehr als Bestandteil des Romans.
Typisch ist auch die Austauschbarkeit und Verknüpfung der einzelnen Künste (Poesie, Malerei, Musik). Im Sinne des Programms der Universalpoesie wird die übliche Form des Romans immer wieder durch Lieder, Gedichte, Märchen aufgebrochen und verändert. In den Romanen und Erzählungen führen die Helden oft eine poetische Existenz, drücken ihre Gefühle aus, singen, musizieren und setzen sich so von den „Philistern“ ab.

Auswahl wichtiger Autoren und Werke

LUDWIG TIECK (1773 - 1853)
Der blonde Eckbert (Märchennovelle)
Des Lebens Überfluss (Erzählung)
NOVALIS (FRIEDRICH VON HARDENBERG) (1772 - 1801)
Heinrich von Ofterdingen (Roman)
E. T. A. HOFFMANN (1776 - 1822)
Die Elixiere des Teufels (Roman)
Der Sandmann (Erzählung)
CLEMENS BRENTANO (1778 - 1842) und
ACHIM VON ARNIM (1781 - 1831)
Des Knaben Wunderhorn (Sammlung von Volksliedtexten)
KAROLINE VON GÜNDERODE (1780 - 1806)
Gedichte und Phantasien
BETTINA VON ARNIM (1785 - 1859)
Die Günderode (Briefsammlung)
JOSEPH VON EICHENDORFF (1788 - 1857)
Aus dem Leben eines Taugenichts (Novelle)
Gedichte
HEINRICH HEINE (1797-1856)
Buch der Lieder (Gedichtsammlung)
Die romantische Schule (Zeitgeschichtliche Abhandlung)

3.8 Junges Deutschland, Vormärz und Biedermeier (um 1815 - 1849)

Historischer Hintergrund

Der für die Zeit von 1815 (Wiener Kongress) bis zur Märzrevolution (1848) zentrale Begriff heißt *Restauration*. Der Begriff kennzeichnet den Versuch, die Zustände vor der Französischen Revolution, d. h. die alte feudale Ordnung, wiederherzustellen.
Die Politik der Restauration ist besonders geprägt vom österreichischen Staatskanzler Fürst Metternich. Nationale und liberale Bewegungen (des Bürgertums), die als Gefahr für die Macht der Fürsten und die bestehenden Verhältnisse gelten, werden mithilfe der Zensur unterdrückt.
Mit den Karlsbader Beschlüssen (1819) wird die Pressefreiheit aufgehoben und die Zensur von Büchern und Zeitschriften verfügt. Demagogen

(Volksverführer) werden verfolgt (Bespitzelung, Berufsverbot, Ausweisung und Emigration, Freiheitsstrafe).
Die Zeit des *Vormärz* 1830 – 1848 (der Begriff nimmt Bezug auf den Ausbruch der Revolution im März 1848) bringt eine zunehmende Politisierung des Bürgertums als Gegenbewegung zur Restauration: Kritik gegenüber dem *System Metternich* wird laut, es werden liberale Forderungen gestellt (↗ S. 124).

Kennzeichen der Epoche

Die zunehmende Kommerzialisierung des literarischen Marktes ist bedingt durch ein gesteigertes Informationsbedürfnis breiter Bevölkerungskreise. Zeitungen, Zeitschriften und Bücher erleben steigende Auflagenzahlen; ihre potenzielle Leserschaft beträgt bis zu 80 % der Bevölkerung. Um das Lesebedürfnis zu stillen, werden Leihbibliotheken gegründet; allein in Berlin gibt es von 1830 – 1848 über 600 davon.

Junges Deutschland

Den jungen Literaten und Journalisten der Richtung *Junges Deutschland* (der Name versteht sich als Abgrenzung zum „alten" Deutschland) geht es um politisches Engagement. Wichtigste Vertreter dieser Richtung sind Heinrich Heine, Karl Gutzkow, Heinrich Laube. Sie werden insbesondere durch revolutionäre Ereignisse (Julirevolution 1830 in Frankreich; Bürgerprotest beim Hambacher Fest, 1832; Sturm auf die Frankfurter Hauptwache, 1833; Weberaufstand, 1844; Revolution in Frankreich und Deutschland, 1848) angeregt und kämpfen für Liberalismus und sozialen Fortschritt, gegen Feudalismus und Adelsgesellschaft, gegen erstarrte Moralvorstellungen. Wichtigstes Instrument in diesem Kampf wird die Presse.
Die Generation der jungen Literaten und Journalisten, die der Romantik nachfolgt, kennzeichnet das Bewusstsein von der verlorenen Einheit der Welt (Kluft zwischen Ideal und Wirklichkeit). Sie grenzen sich von der Klassik und der Romantik (Vorwurf der Weltfremdheit und mangelnder gesellschaftlicher Relevanz) ab. Die Literatur soll bewusst populär sein und Wirkungen erreichen. Eine Sonderrolle spielt dabei der deutsche Dichter und europäische Kosmopolit Heinrich Heine, dessen widersprüchliche und zugleich faszinierende Wirkung nur aus seinem komplexen Gesamtwerk (Dichtung: Lyrik / Prosa; Publizistik: Essay / Feuilleton) zu verstehen ist.

Eine besondere Stellung nimmt auch Georg Büchner (↗ S. 125–126) ein, der in seinen politischen Ansichten den Jungdeutschen nahesteht, mit seinem literarischen Werk, vor allem den Dramen *(Woyzeck, Dantons Tod),* weit über seine Zeit hinaus wirkt bis hin zum Naturalismus (soziales Drama ↗ S. 131) und Expressionismus (Sprengung der traditionellen Formen ↗ S. 138). Büchner führt mit seinem sozialen Drama *Woyzeck* den „negativen Helden", den Antihelden, der als sozial deklassierter Mensch zum Opfer seiner Umwelt wird, in das Drama ein. Seine sozial-revolutionäre Flugschrift *Der hessische Landbote* (1834) stellt ein Pamphlet gegen die Herrschenden und einen Aufruf zur Revolution dar, gerichtet vor allem an die Landbevölkerung. Die revolutionäre Aktion scheitert, Büchner muss aus seinem Studienort Gießen fliehen. Seine Streitschrift gilt heute als ein sprachliches Meisterwerk polemischer Prosa. Die Literatur der Jungdeutschen wird im Jahre 1835 durch einen Beschluss der deutschen Bundesversammlung in Frankfurt verboten.

Vormärz

Die politisch engagierte Bewegung des Vormärz (vgl. oben), der es um Abschaffung der Zensur, Beendigung der Kleinstaaterei und eine Verbesserung der Rechte der Frauen geht, wird angestoßen durch die französische Julirevolution 1830. Einen wichtigen Schwerpunkt der z. T. radikal-demokratisch orientierten Autoren bilden politische Schriften (politische Lyrik, politische Publizistik). Vertreter sind vor allem Ludwig Börne, Georg Herwegh, Georg Weerth, Ferdinand Freiligrath. Damit entsteht erstmals eine theoretisch reflektierte Literatur, die sich scharf von den Literaturkonzepten der Goethezeit abgrenzt.

Als besonders leidenschaftlicher Republikaner erweist sich Börne. Die Differenzen zwischen ihm, der die Revolution in Deutschland erhofft und nur politische Themen literarisch verarbeitet, und Heinrich Heine, der sich (als Dichter) nicht auf eine feste politische Position festlegen lassen will, sind grundsätzlicher Art. Heinrich Heine ist einer der bedeutendsten deutschen Dichter, Schriftsteller, Journalisten. Berühmt wird er vor allem durch die stilistische Eleganz und Leichtigkeit seiner Sprache. Er lässt sich nur schwer einer literarischen Strömung zuordnen: Er ist Dichter der Romantik (↗ S. 119–122), zugleich auch ihr „Überwinder". Als kritischer politischer Schriftsteller des Vormärz distanziert er sich vor allem aus sprachlich-ästhetischen Gründen von der „Tendenzliteratur" jener Zeit.

ZITAT

Reißt die Kreuze aus der Erden!
Alle sollen Schwerter werden.
Gott im Himmel wirds verzeihn.
Gen Tyrannen und Philister!
Auch das Schwert hat seine Priester,
Und wir wollen Priester sein.

(Aus: Georg Herwegh, Aufruf, 1841)

Biedermeier

Diese literarische Strömung (der Begriff *Biedermeier* stammt aus einer satirischen Schrift) bezeichnet eine unpolitische Richtung der Literatur, die neben der auslaufenden Romantik und dem Jungen Deutschland entsteht. Die Dichter des Biedermeier knüpfen zumeist am Idealismus von Klassik und Romantik an. In der Dichtung drückt sich ein Lebensgefühl aus, das insbesondere durch Ehrfurcht vor dem Überlieferten und durch den Rückzug ins Private geprägt ist. Themenkreise sind Familie, Volk, Heimat, Religion, Geschichte. Die Menschen werden in ihren überschaubaren Welten dargestellt. In der Literatur und Malerei (z. B. Carl Spitzweg) wird oft das politisch Störende ausgespart. Durch die weithin fehlende politische Ausrichtung wird (ungewollt) die Politik der Restauration unterstützt. Nicht wenige Werke sind jedoch auch offen für eine kritische Wahrnehmung sozialer Problematik.
Hervorzuheben ist vor allem die Dichterin Annette von Droste-Hülshoff, die bis heute besonders durch ihre Lyrik (z. B. *Der Knabe im Moor*) bekannt geblieben ist. Die Novelle *Die Judenbuche* gilt als ihr erzählerisches Meisterwerk; es geht in dieser Milieuschilderung aus Westfalen um menschliche Verstrickungen und göttliche Gerechtigkeit.

Bevorzugte Literaturgattungen

Junges Deutschland/Vormärz

Die bevorzugten Gattungen sind politische Lyrik, Reiseberichte und Briefe, die aufgrund der Zensurmaßnahmen oft fingiert sind (z. B. die *Reisebilder* von Heinrich Heine) und hinter denen sich satirisch verpackte Zeitkritik verbirgt. Georg Büchner stellt mit seinen Dramen, in denen die menschlichen und sozialen Realitäten, das heißt größtmögliche historische Wahrheitstreue gezeigt werden soll, die bisherige klassisch-idealistische Theatertradition infrage (↗ S. 124).

Biedermeier

Bevorzugt werden in der Epik kleinere Formen wie Novelle, Erzählung, Märchen. Die beliebte Gattung der Dorfgeschichte ist ein Beispiel für die unpolitische Literatur. In der Lyrik werden oft Naturidylle und private Stimmungen dargestellt. Es dominieren volksliedhafte Form und Ballade.

Auswahl wichtiger Autoren und Werke

LUDWIG BÖRNE (1786 - 1837)
Politische Lyrik
ANNETTE VON DROSTE-HÜLSHOFF (1797 - 1848)
Die Judenbuche (Novelle)
Gedichte, z. B. *Der Knabe im Moor*
HEINRICH HEINE (1797 - 1856)
Reisebilder
Deutschland. Ein Wintermärchen (Politische Satire)
Gedichte, z. B. *Die schlesischen Weber*
HEINRICH HOFFMANN VON FALLERSLEBEN (1798 - 1874)
Das Lied der Deutschen
EDUARD MÖRIKE (1804 - 1875)
Mozart auf der Reise nach Prag (Novelle)
ADALBERT STIFTER (1805 - 1868)
Der Hochwald (Novelle)
Der Nachsommer (Bildungsroman)
GEORG BÜCHNER (1813 - 1837)
Der hessische Landbote (Flugschrift)
Dantons Tod (Drama)
Woyzeck (Soziales Drama)

3.9 Poetischer (oder bürgerlicher) Realismus (um 1848 – 1890)

Historischer Hintergrund

Das Scheitern der bürgerlich-demokratischen Revolution 1848/1849 verändert die gesellschaftlich-politische Situation. Im Jahre 1871 siegt mit der Gründung des neuen deutschen Reiches durch Bismarck das Prinzip der nationalen Einheit über liberaldemokratische Prinzipien. Zur Veränderung der Gesellschaft tragen auch folgende Faktoren bei:

- neue Erkenntnisse in den Naturwissenschaften, Erfindungen im Bereich der Technik und Medizin; damit verbunden ein teilweise naiver Fortschrittsglaube und allmähliche Infragestellung bzw. Auflösung religiöser und ethischer Bindungen,
- Zunahme der Bevölkerung, Landflucht und Verstädterung,
- industrieller Fortschritt und die sich daraus ergebenden sozialen Probleme (Verelendung von Teilen der Bevölkerung, Gegensatz zwischen vermögendem Bürgertum und dem Proletariat, Entstehen der sozialen Frage),
- den literarischen Markt des 19. Jahrhunderts beherrschen Familienzeitschriften (als Vorläufer unserer Illustrierten); hervorzuheben ist die *Gartenlaube* (gegr. 1853), deren Starautorin Eugenie Marlitt wird, die insbesondere durch ihre Romane bekannt geworden ist. Merkmale der Familienzeitschriften sind unter anderem: Unterhaltungscharakter, ansprechende Gestaltung und idealisierende Bebilderung, allgemeine Verbreitung, Vermeiden von Tabuthemen.

Kennzeichen der Epoche

Das Lebensgefühl der Zeit ist durch die Spannung zwischen Altem und Neuem geprägt: Das Bewusstsein irdischer Vergänglichkeit, Zweifel, Ironie und Resignation verbinden sich mit der Erkenntnis, dass man sich dem Neuen nicht verschließen kann. Zentrales Thema der Literatur ist der Mensch und seine Beziehung zu Umwelt und Wirklichkeit.
In der zweiten Hälfte des 19. Jahrhunderts verbindet sich mit dem Begriff ***Realismus*** die Orientierung an der Wirklichkeit und die Abwendung der idealistischen Weltsicht von Klassik und Romantik. Eine realistische Schreibweise wendet sich inhaltlich der erfahrbaren Wirklichkeit und den Realitäten des Lebens zu. Dargestellt werden soll die zeitgenössische Wirklichkeit, gleichzeitig wird das Typische, Wesentliche und immer Gültige hervorgehoben. Die „extremen" Seiten des realen Lebens (z. B. Krankheit, Sexualität) werden nicht dargestellt, der Humor ermöglicht Distanz. Im Unterschied zum Jungen Deutschland (↗ S. 123 – 124) wird die Eigenständigkeit des Kunstwerks betont.

Den Schriftstellern geht es darum, die dargestellte Wirklichkeit unter ein spezifisch poetisches Formgesetz zu stellen. Die Wirklichkeit soll auf künstlerische Weise vermittelt werden. Man wendet sich sowohl gegen die Vorbilder der Klassik (die ihrer Meinung nach den Ideen den Vorrang vor den tatsächlichen Verhältnissen einräumen) als auch gegen Innerlichkeit, Subjektivismus und Fantasie der Romantik. Ebenso wird eine direkte politische Parteinahme, wie bei den Schriftstellern des Jungen Deutschland, vermieden. Theodor Fontane erklärt den Realismus so:

▶ ZITAT

Vor allen Dingen verstehen wir nicht darunter das nackte Wiedergeben alltäglichen Lebens, am wenigsten seines Elends und seiner Schattenseiten ... Er ist die Widerspiegelung alles wirklichen Lebens, aller wahren Kräfte und Interessen im Elemente der Kunst ... (1835)

Anregungen und weltanschauliche Grundlagen

Das Denken der Dichter wird angeregt durch die deutschen Philosophen Arthur Schopenhauer (1788-1860) und Friedrich Nietzsche (1844-1900), die im Widerspruch zur religiösen Heilslehre eine eher pessimistische Weltorientierung vermitteln. Im Zuge der naturwissenschaftlichen Orientierung, verbunden mit dem unbedingten Glauben an die Technik, wird der Mensch aus seinen transzendenten Bindungen herausgelöst. Die zweite Hälfte des 19. Jahrhunderts wird mitgeprägt durch die Philosophie des Positivismus, des historischen Materialismus und die Milieutheorie. Wichtige Wegbereiter sind A. Comte (1798-1857); H. Taine (1828-1893); K. Marx (1818-1883); L. Feuerbach (1804-1872). International wegweisend sind in literarischer Hinsicht vor allem der englische Dichter Charles Dickens (z. B. *Oliver Twist*), französische Dichter (Balzac, Flaubert, Zola) sowie russische Literaten (Turgenjew, Tolstoi, Dostojewski).

Bevorzugte Literaturgattungen

Epische Formen

Die erzählende Literatur (Novelle als geschlossenste Form einer Erzählung und Roman) hat die größte Bedeutung. Die Beliebtheit der epischen Formen hängt mit der weiten Verbreitung zusammen, die diese Texte in Familienzeitschriften und Leihbibliotheken finden.

Lyrik und Dramatik

Viele Gedichte entsprechen inhaltlich und formal eher dem, was auch schon für die Werke der Vergangenheit kennzeichnend war. Es dominieren daher eher zeitlose Themen wie Liebe, Heimat, Naturerleben.

Als Dramatiker sind vor allem Friedrich Hebbel (1813 - 1863), dessen Vorbilder Lessing, Schiller und Kleist sind, sowie Franz Grillparzer (1791 - 1872) zu nennen.

Auswahl wichtiger Autoren und Werke

Friedrich Hebbel (1813 - 1863)
Maria Magdalene (Soziales Drama)
Theodor Storm (1817 - 1888)
Hans und Heinz Kirch (Novelle)
Der Schimmelreiter (Novelle)
Theodor Fontane (1819 - 1898)
Irrungen, Wirrungen (Roman)
Effi Briest (Roman)
Der Stechlin (Roman)
Gedichte/Balladen, z. B. *Die Brück' am Tay*
Gottfried Keller (1819 - 1890)
Der grüne Heinrich (Bildungs- und Entwicklungsroman)
Romeo und Julia auf dem Dorfe (Dorfgeschichte)
Conrad Ferdinand Meyer (1825 - 1898)
Das Amulett (Novelle)
Gustav Adolfs Page (Novelle)
Wilhelm Raabe (1831 - 1910)
Die Chronik der Sperlingsgasse (Roman)
Der Hungerpastor (Roman)

3.10 Naturalismus (um 1890 - 1900)

Historischer Hintergrund

Europa erlebt gegen Ende des 19. Jahrhunderts einen Epochenumbruch, der viele Lebensbereiche berührt. In rasendem Tempo vollziehen sich technologische und naturwissenschaftliche Veränderungen. Sigmund Freuds Theorien eröffnen eine neue Sicht des menschlichen Seelenlebens. Großstädte werden zu Metropolen mit neuen Medien (Film, Rundfunk, Fernsehen), neuer Massenkultur (Boulevardpresse) und neuen Informationsmitteln (Telefon, Telegraf, Schreibmaschine). Der Glaube an ein einheitliches Weltbild gilt in der aufkommenden industriellen Massengesellschaft als längst zerbrochen. In sozialgeschichtlicher Hinsicht steht der Naturalismus in engem Zusammenhang mit den Folgen der industriellen Revolution und dem Übergang Deutschlands vom Agrarstaat zum Industriestaat. Verstädterung und soziales Elend im Arbeitermilieu werden zu Themen der Literatur.

Kennzeichen der Epoche

Der Naturalismus geht geistesgeschichtlich aus dem Realismus hervor. Er wird auch als *konsequenter Realismus* bezeichnet, weil sich der Naturalismus noch entschiedener als der Realismus um eine Abbildung der Realität bemüht (Aufdecken gesellschaftlicher Wirklichkeit, Protest gegen die sozialen Missstände der Zeit). In der Literatur geht es vor allem um folgende Zielsetzungen:

- Es werden realistische Gestalten geschaffen und dabei die den Menschen determinierenden Faktoren (Milieu, Psyche, Vererbung, Triebe, Arbeitswelt, Sozialstruktur) analysiert und dargestellt.
- Soziale Themen (Proletarisierung, Emanzipation der Frau) treten ins Zentrum, auch Alltägliches, Hässliches und Triebhaftes ist Gegenstand der Poesie. Selbst tabuisierte Themen (wie Geisteskrankheit, Alkoholismus, Gewalt, Prostitution, Wahnsinn) finden Eingang in die Literatur. Oft rücken von der Gesellschaft ausgestoßene Menschen der unteren Klassen ins Zentrum der Texte.

Ästhetische Theorie

- Die Formel *Kunst = Natur - x* geht auf den bedeutendsten Theoretiker des „konsequenten Naturalismus" Arno Holz („Die Kunst hat die Tendenz, wieder Natur zu sein") zurück. Die Größe x, die den Anteil künstlerischer Gestaltung und die subjektive Sicht des Künstlers darstellt, soll dabei möglichst klein sein. Es geht also um ein Kunst- und Literaturverständnis, das sich an der möglichst exakten Darstellung der Wirklichkeit orientiert.
- Künstlerisches Hauptmerkmal des Naturalismus ist der ***Sekundenstil***. Akribisch genau werden der Zeitablauf einer Handlung, Vorgänge (Tropfen eines Wasserhahns, Knirschen einer Holzbohle) oder das Verhalten der Personen (Dialekt, Stottern, Gähnen) dargestellt. Eine Dramenszene oder ein Prosaabschnitt sollen genauso lang sein wie in der Wirklichkeit (Übereinstimmung von Erzählzeit und erzählter Zeit). Äußere und innere Wirklichkeit werden dabei als gleichgewichtig angesehen, vergleichbar mit der filmischen Darstellung ohne irgendeine Raffung oder Dehnung.

Bevorzugte Literaturgattungen

Drama

Im Drama wird insbesondere die ***Determiniertheit*** des menschlichen Handelns herausgestellt (vgl. oben). Damit im Zusammenhang steht auch die Wiederentdeckung von Georg Büchner (Dramenfragment *Woyzeck* ↗ S. 124) durch die Naturalisten. Neue Darstellungsmittel wie Dialekt und Umgangssprache finden Eingang in die Dichtung. Im Zentrum des Werkes steht nicht mehr der individuelle Held, sondern der durch Herkunft, Milieu und soziale Zeitumstände determinierte Mensch oder eine gesamte Gruppe.

BEISPIEL Gerhart Hauptmann, *Die Weber*

Den historischen Hintergrund dieses Stückes bildet der Aufstand der Not leidenden schlesischen Weber (1844) gegen ihre Arbeitgeber, die Unternehmer; Milieu und Atmosphäre werden u. a. durch die Sprechweise der Figuren geschildert.

Lyrik

In der naturalistischen Lyrik wird mit traditionellen Formen gebrochen. Arno Holz z. B. ordnet die Verszeilen an einer Mittelachse an, verzichtet auf Reim und Strophen und stellt auf diese Weise den Sprachrhythmus ins Zentrum.

▶ ZITAT

Eine schluchzende Sehnsucht mein Frühling,
ein heisses Ringen mein Sommer –
wie wird mein Herbst sein?
Ein spätes Garbengold?
Ein Nebelsee?

(Arno Holz, Phantasus, 1898)

Welt- und Menschenbild, Anregungen anderer Länder

Der Mensch wird im Bedingungsgefüge von Psyche, Trieb, Abstammung, Vererbung und sozialen Umständen gesehen, wodurch seine Verhaltensweisen und Entscheidungen determiniert werden. Dem Zeitgeist des 19. Jahrhunderts entspricht die Ablehnung einer Weltanschauung, wonach der Kosmos durch eine göttliche Kraft zweckmäßig eingerichtet ist. In rasendem Tempo vollziehen sich technologische und naturwissenschaftliche Veränderungen.

Charles Darwin (1809 - 1882) führt mit seiner Evolutionstheorie den Artenwandel auf rein kausale Gesetze zurück. Der Mensch wird nicht mehr als „Krone der Schöpfung" betrachtet, die sich aus dem Tierreich heraushebt. Der Biologe Ernst Haeckel (1834 - 1919) macht die Lehren Darwins in Deutschland populär. An die Stelle der Offenbarung tritt für Haeckel das Naturgesetz. Dies gilt auch für die Erklärung psychischer Prozesse des Menschen. Angeregt und beeinflusst werden die deutschen Naturalisten durch den Franzosen Émile Zola, die skandinavischen Dramatiker Henrik Ibsen und August Strindberg sowie die russischen Schriftsteller Feodor M. Dostojewski und Leo Tolstoi.

Auswahl wichtiger Autoren und Werke

GERHART HAUPTMANN (1862 - 1946)
Bahnwärter Thiel (Novelle)
Die Weber (Drama)
Der Biberpelz (Drama)
Die Ratten (Drama)
ARNO HOLZ (1863 - 1929)
Phantasus (Gedichtzyklus)
ARNO HOLZ/JOHANNES SCHLAF (1862 - 1941)
Papa Hamlet (Drama)
Gedichte
FRANK WEDEKIND (1864 - 1918)
Frühlings Erwachen (Drama)
Lulu (Drama)

3.11 Jahrhundertwende/Gegenbewegungen zum Naturalismus (1890 - 1918)

Historischer Hintergrund

Das „Wilhelminische Zeitalter" (1888 - 1918) ist deutlich geprägt durch das persönliche Regiment des ehrgeizigen Kaisers Wilhelm II. Innenpolitisch gelingt es ihm nicht, Arbeiterschaft und Sozialdemokratie mit dem Staat zu versöhnen. Außenpolitisch soll die Kolonialpolitik der „verspäteten Nation" Deutschland ihren „Platz an der Sonne" sichern. Imperialistisches Expansionsstreben, überzogener Nationalismus und Militarisierung des öffentlichen Lebens kulminieren schließlich 1914 im Ersten Weltkrieg.

Kennzeichen der Epoche

Der Beginn der literarischen Moderne, zu der auch der Naturalismus zählt, ist durch eine Vielfalt unterschiedlicher, zum Teil widersprüchlicher Tendenzen, Bewegungen und Gegenbewegungen, Stilkonzepte und Themen gekennzeichnet. Der Zerfall der Selbstgewissheit des Ich wird bestimmend für die gesamte Moderne. Den Zwiespalt der Welthaltung kennzeichnet nicht nur die Verschiedenheit der Themen, sondern auch die Widersprüchlichkeit einzelner Kunstrichtungen.

„Die Moderne" bedeutet das Ende aller Sicherheiten, auch der Sicherheit von Urteilen. Neu ist auch die Erfahrung der sozialen Entfremdung und Isolierung. Diese Veränderungen werden thematisiert in der Philosophie von Friedrich Nietzsche (1844-1900): Der Mensch ist auf sich selbst zurückgeworfen, es existiert keine übergeordnete, ewige Instanz. In der Psychologie entwickelt Sigmund Freud (1856-1939) seine Psychoanalyse. Nietzsches und Freuds Einflüsse auf die Kunst reichen bis in unsere Gegenwart.

Der als krisenhaft erlebte Umbruch bedeutet auch eine Krise der sprachlichen und künstlerischen Ausdrucksmöglichkeiten: Die Sprache bietet keinen exklusiven Zugang zur Wahrheit. Daher wird auch der Anspruch des Dichters, mit dem dichterischen Wort die Wahrheit zu verkünden, infrage gestellt.

▶ ZITAT

Die Welt des Schreibens und des Schreibenmüssens ist voll von großen Worten und Begriffen, die ihre Gegenstände verloren haben.

(Aus: Robert Musil, Der Mann ohne Eigenschaften, 1930)

▶ ZITAT

Je vergeistigter das Wort, desto sicherer erweckt es bei verschiedenen Menschen verschiedene Vorstellungen ... Die Sprache ist die Peitsche, mit der die Menschen sich gegenseitig zur Arbeit peitschen. Jeder ist Fronvogt und jeder ist Fronknecht.

(Aus: Fritz Mauthner, Beiträge zu einer Kritik der Sprache, 1923)

Schon früh bilden sich Gegenströmungen zum Naturalismus heraus, womit die einseitig auf Wirklichkeit bezogenen Konzepte infrage gestellt bzw. aufgegeben werden zugunsten einer Betonung der subjektiven Empfindungen und individuellen Eindrücke.

Impressionismus

Dieser Begriff bezeichnet ursprünglich eine Richtung in der französischen Malerei (Monet, Manet), der es darum geht, mit bildnerischen Mitteln die Wirkung von Licht, Farbe und Luft auf die Gegenstände wiederzugeben. Damit wird der subjektive Ausdruck betont. Der Begriff *Impressionismus* wird auch auf die Literatur übertragen. Hierbei geht es um die Wiedergabe individueller Eindrücke und Stimmungen in lautmalerischer Sprache. Der Impressionismus bezeichnet in der Literatur eine Stilrichtung, die sich auch in anderen literarischen Bewegungen wie Sturm und Drang, Romantik, Biedermeier wiederfindet.

Neuromantik

Betont wird mit diesem Begriff die Anknüpfung an die zurückliegende Epoche der Romantik. Eingefordert werden von den Neuromantikern Gefühle, Innerlichkeit, Seelentiefe, humanistische Lebenshaltung. Ihr Thema ist auch die Psychologie des Unbewussten.

Symbolismus

Diese literarische Strömung wendet sich besonders deutlich gegen die Ziele und kunsttheoretische Auffassungen von Poetischem/Bürgerlichem Realismus (↗ S. 126–129) und Naturalismus (↗ S. 129–132). Mit dem Begriff *Symbolismus* wird das ästhetische Moment und der bewusste Kunstwille hervorgehoben (Erscheinungen als Sinnbilder verborgener Ideen; Tiefsinn und Symbolwert bestimmter Worte). Der Symbolismus hat - wie die Stilrichtung des Impressionismus - seinen Ursprung in Frankreich. Die Kunsttheorie dieser literarischen Strömung kennzeichnet insbesondere, dass der Absolutheitsanspruch der Kunst erhoben wird. Die Kunst soll um ihrer selbst willen da sein *(l'art pour l'art)*. Sie hat die Aufgabe, das Schöne darzustellen und zu verherrlichen: *poésie pure* im Gegensatz zur Indienstnahme der Kunst für politische oder soziale Ziele *(poésie engagée)*.

Die Darstellung des Hässlichen und die Vereinnahmung der Kunst für politische Aussagen wird abgelehnt. Es geht nicht darum, die breite Masse zu erreichen, sondern darum,

- ein „höheres Reich der Kunst" zu vertreten,
- dem Wesen der Dinge auf die Spur zu kommen und mit dem dichterischen Wort die Wahrheit zu verkünden.

ZITAT

Des sehers wort ist wenigen gemeinsam:
Schon als die ersten kühnen wünsche kamen
In einem seltnen reiche ernst und einsam
Erfand er für die dinge eigne namen - ...

(Stefan George, Des Sehers Wort, 1897)

Décadence und Fin de Siècle

Gegen Ende des Jahrhunderts herrscht ein Gefühl des Niedergangs vor, das Gefühl, die abendländische Kultur gehe ihrem Ende entgegen („décadence" = Niedergang; fin de siècle = Ende des Jahrhunderts). Der Glaube an ein einheitliches Weltbild in der aufkommenden Massengesellschaft gilt als längst zerbrochen. Lebensangst ist eine der Grundstimmungen in dieser als krisenhaft erlebten Zeit, in der bei Schriftstellern eine Vorliebe für schwierige Seelenzustände mit einem Hang zum Morbiden und zum Weltschmerz vorherrschen. Charakteristisches Merkmal des Künstlers ist sein Außenseitertum und die soziale Ablösung vom Bürgertum. Das Gefühl des „Krankseins" allerdings - so die Einstellung - gehe für den Künstler einher mit einer größeren Empfindungstiefe gegenüber den Gegenständen der Welt und ihrer Darstellung: Wer „krank" sei, sei empfindlicher und nehme intensiver wahr (vgl. die Darstellung des Künstlers in Thomas Manns Novelle *Tonio Kröger* oder die Darstellung des Schriftstellers Gustav von Aschenbach in der Novelle *Der Tod in Venedig*).

Bevorzugte Literaturgattungen

In dieser Zeit ist das Gedicht eine der bevorzugten Textarten. Dies ergibt sich aus dem entschiedenen Kunstwillen der Zeit. Der Versuch der Dichter, dem Wesen der Dinge auf die Spur zu kommen, führt zu einer intensiven Verfeinerung der sprachlichen Mittel. Dies gilt auch für die Epik, besonders für das epische Werk von Thomas Mann, Heinrich Mann und Arthur Schnitzler.

Auswahl wichtiger Autoren und Werke

ARTHUR SCHNITZLER (1862 - 1931)
Der Reigen (Drama)
Leutnant Gustl (Novelle)
Traumnovelle

Stefan George (1868 - 1933)
Gedichte, z. B. *Komm in den totgesagten Park*
Heinrich Mann (1871 - 1950)
Professor Unrat (Roman)
Der Untertan (Roman)
Christian Morgenstern (1871 - 1914)
Gedichte
Hugo von Hofmannsthal (1874 - 1929)
Gedichte
Jedermann (Mysterienspiel)
Brief des Philipp Lord Chandos an Francis Bacon
Thomas Mann (1875 - 1955)
Die Buddenbrooks (Roman)
Tonio Kröger (Novelle)
Der Tod in Venedig (Novelle)
Rainer Maria Rilke (1875 - 1926)
Gedichte, z. B. *Der Panther*
Hermann Hesse (1877 - 1962)
Unterm Rad (Roman)

3.12 Expressionismus (um 1910 – 1920)

Historischer Hintergrund

Der Expressionismus (lat. expressio: Ausdruck) ist keine ausschließlich literarische Bewegung. Er ist vielmehr eine gesamteuropäische Kunstbewegung, die von der Malerei ausgeht.
Der Expressionismus umfasst eine thematisch, sprachlich und stilistisch vielgestaltige Literatur, die die allgemeine Aufbruchstimmung zu Beginn des neuen Jahrhunderts, aber auch die Fragen, Bewusstseinskrisen, Probleme der entfremdeten Verhältnisse und das politische Chaos der Zeit widerspiegelt.
Der Erste Weltkrieg markiert einen bedeutsamen Einschnitt. Durch diesen Krieg und die Zeit danach ändert sich die Welt entscheidend. Als geistesgeschichtliche Grundlagen dieser Epoche gelten:
Sigmund Freud (1856-1939): Psychoanalyse
Charles Darwin (1809-1882): Abstammungslehre
Friedrich Nietzsche: Umwertung der Werte („Gott ist tot“).

Kennzeichen der Epoche

In der bildenden Kunst entsteht der Expressionismus als Reaktion auf die Ziele der impressionistischen Malerei, der man eine radikale Steigerung des Ausdrucks entgegensetzt. Abgelehnt werden auch die strenge naturwissenschaftliche Haltung des Naturalismus und der Ästhetizismus des Symbolismus. Die Anfänge der bildenden Kunst gehen auf Maler wie Ensor, Gauguin, Munch, van Gogh zurück. Der Expressionismus ist vor allem als Reaktion auf Kunstrichtungen zu verstehen, die „nur" an der Wiedergabe des Sichtbaren interessiert waren (Naturalismus, Impressionismus). Expressionistische Künstler wollen die Dinge nicht nur darstellen, sondern die inneren Gefühle zum Ausdruck bringen, die Welt mit ihren eigenen Augen sehen. Ihre Darstellungsmittel sind radikale Vereinfachungen, Verzerrungen in Form und Proportion, grelle Kontraste durch intensive Farbgebung, übersteigerte Formgebung.

Als literarische Epoche ist der Expressionismus eine revolutionäre Bewegung junger Leute, die sich vor allem mit den folgenden Problemen kritisch auseinandersetzen:

- moderne Zivilisation und Großstadtwelt; Bewusstsein der Entfremdung und Verlorenheit,
- erstarrte Konventionen und verlogene Moralvorstellungen der Vätergeneration,
- Untertanengeist des „Wilhelminismus",
- Schrecken und Sinnlosigkeit eines Krieges.

Den Vertretern der unterschiedlichen Richtungen (z. B. *Kubismus, Futurismus, Dadaismus, Surrealismus*) ist die Furcht vor einer elementaren Bedrohung geistiger Werte durch den technischen Fortschritt, Bürokratie und Militärgewalt gemeinsam. Apokalyptische Ahnungen kennzeichnen besonders den Beginn des 20. Jahrhunderts. Durch die technischen Neuerungen und das zügellose Expandieren der Großstädte werden gewohnte Lebensrhythmen der Menschen fundamental verändert.

Die Zusammenarbeit zwischen Schriftstellern, Grafikern und Malern ist in kaum einer Epoche so intensiv: Maler wie Kokoschka, Kirchner, Beckmann illustrieren Bücher und Zeitschriften. Die Titel der Zeitschriften sind programmatisch: *Der Aufbruch, Die Entfaltung, Der Aufschwung, Der Ruf.*

In ihren dichterischen Visionen beschwören die Expressionisten auf der einen Seite Verfall, Untergang und Weltende, auf der anderen Seite proklamieren sie den Glauben an eine Erneuerung der Literatur und des Menschen; Freundschaft und Liebe sind allen Menschen zugedacht, auch den Außenseitern der Gesellschaft. Das Verlangen nach neuen Ausdrucksformen (Zynismus, Surrealismus, Groteske, Karikatur) verbindet sich mit dem Ziel, bisherige Verkrustungen in der Sprache und epigonale Formen aufzulösen. Typische sprachliche Mittel sind:

- Auflösung herkömmlicher Wort- und Satzstrukturen; parataktischer Satzbau und elliptische Konstruktionen; unverbundene Reihung einzelner unzusammenhängender Bilder,
- Zerstörung der gewohnten Vorstellungen von Raum und Zeit,
- Erschaffung neuer Wortbedeutungen (Neologismen),
- Suche nach neuen Sprachbildern (Metaphern, Chiffren).

Der folgende Auszug aus dem Programmgedicht *Form ist Wollust* von Ernst Stadler macht deutlich, dass im Sinne der Programmatik die Abkehr von der Form (der alten Dichtungsvorstellungen) betont und demgegenüber das Recht des subjektiven Ausdrucks (Expressionismus als Ausdruckskunst) hervorgehoben wird.

▶ ZITAT

Form und Riegel mussten erst zerspringen,
Welt durch aufgeschlossene Röhren dringen: ...
Form will mich verschnüren und verengen,
doch ich will mein Sein in alle Weiten drängen –
Form ist klare Härte ohn' Erbarmen,
doch mich treibt es zu den Dumpfen, zu den Armen, ...

(Ernst Stadler, Form ist Wollust, entst. 1914)

Besonders mit der Bewegung des ***Dadaismus*** (das Kinderwort *Dada* bedeutet zugleich Protest, Verspottung und Suche nach neuen Formen des Ausdrucks), die Impulse des italienischen *Futurismus* verarbeitet, sollen überkommene Kunstauffassungen bzw. Konventionen entlarvt und die Sprache von traditionellen Strukturen befreit werden (Zerstörung der herkömmlichen Syntax durch zufällige Anordnung der Substantive, Veränderung der Wortarten, Abschaffung der Zeichensetzung).

Die ***Surrealisten*** (vgl. Bilder von Alfred Kubin und Salvador Dalí) stellen absurde Erlebnisse, Schreckenserfahrungen, groteske Visionen und Halluzinationen in den Mittelpunkt ihrer Darstellungen. Literarische

Beispiele hierfür sind Gedichte Georg Heyms und Prosatexte Franz Kafkas, dessen Werk eindringlich die Probleme des modernen Lebens darstellt: Einsamkeit, Entfremdung und Suche nach Erlösung in einer unüberschaubaren, inhumanen und absurden Welt.

Auswahl wichtiger Autoren und Werke

Hugo Ball (1862 - 1927)
Lautgedichte
Ernst Barlach (1870 - 1938)
Sündflut (Drama)
August Stramm (1874 - 1915)
Gedichte
Georg Kaiser (1878 - 1945)
Die Bürger von Calais (Drama)
Franz Kafka (1883 - 1924)
Das Urteil (Erzählung)
Die Verwandlung (Erzählung)
Der Prozess (Roman)
Gottfried Benn (1886 - 1956)
Gedichte, z. B. Gedichtsammlung *Morgue*
Georg Trakl (1887 - 1914)
Gedichte, z. B. *Grodek*
Jakob van Hoddis (1887-1945)
Gedichte, z. B. *Weltende*
Ernst Toller (1893 - 1939)
Hinkemann (Drama)

3.13 Weimarer Republik und Exil während des Nationalsozialismus (1919 - 1945)

Historischer Hintergrund

Die Krisenjahre nach dem Ersten Weltkrieg belasten den Anfang der jungen Republik (Wirren nach dem Krieg, Dolchstoßlegende, Inflation, Besetzung des Ruhrgebietes, Hitlerputsch, kommunistische Aufstände). Von 1924 bis 1929 erreicht die Republik eine Phase relativer Stabilität. Man spricht von den „goldenen Zwanzigern“. Berlin wird zu einer Metropole von Kultur und Wissenschaft. Die neuen Medien *Rundfunk* und *Film* treten ihren Siegeszug an.

Weimarer Republik

In der Weimarer Republik wirken nach dem Ersten Weltkrieg zunächst noch die expressionistischen Konzepte weiter. Zusätzlich gibt es eine Fülle literarischer Ansätze und eine Vielfalt konkurrierender Stile. Gemeinsamkeiten der Autoren, die von den historisch-politischen Erfahrungen der Zeit geprägt sind:

- die Reaktionen auf die Erfahrungen des Krieges,
- das Gefühl des Bruches mit den verlorenen oder überholten Traditionen,
- die Hinwendung zu den Problemen der „kleinen Leute“,
- das Bemühen, den Übergang in eine neue Zeit zu artikulieren.

Das Ende der Inflation (1923) bringt eine wirtschaftliche Konsolidierung der Weimarer Republik mit sich. Mit den Rationalisierungen in Industrie und Geschäftsleben setzt auch in der Literatur eine Gegenbewegung zum Expressionismus mit seinen Untergangs- und Aufbruchsvisionen ein.

Die Richtung der ***Neuen Sachlichkeit*** erwächst aus der Spannung zwischen irrationalen und rationalen Tendenzen der Zeit. Diese literarische Strömung betont die Abwendung vom Emotionalen. Sie hebt dagegen eine neue Geisteshaltung und Schreibweise hervor: Nüchterne und distanziert-kritische Betrachtungen sind eine Reaktion auf die subjektive Ausdruckskunst der Expressionisten und den „Sprachkult“ von Schriftstellern der Jahrhundertwende (vgl. Stefan George ↗ S. 135). Beeinflusst wird die Literatur durch den funktionalen sachlichen Stil des *Bauhauses*, einer Schule für Architektur und künstlerische Gestaltung.

Die Literatur will die Alltagswelt möglichst realistisch wiedergeben und die Masse der Bürgerinnen und Bürger an der literarischen Kultur beteiligen. Dadurch tritt Gebrauchsliteratur (von hohem literarischem Niveau), z. B. journalistische und dokumentarische Formen (Reportage, Bericht, Glosse, Satire), stärker in den Vordergrund. Beispiele sind die sozialkritischen Reportagen des Publizisten Egon Erwin Kisch (1885 – 1948). Wichtigstes Publikationsorgan ist die *Weltbühne*, die mit den Namen Carl von Ossietzky und Kurt Tucholsky verbunden ist.

Auch mit der Lyrik wird ein unmittelbarer Zugang zum Publikum hergestellt: Bevorzugte Gebrauchsformen sind dabei Bänkelsang, Moritat, Ballade, Song (z. B.: Bertolt Brecht, Kurt Tucholsky).

Auf der Bühne vertritt der Regisseur Erwin Piscator, mit dem der Schriftsteller Bertolt Brecht zusammenarbeitet, eine ***politisch-dokumentarische Dramaturgie***. Dabei stehen die gesellschaftlichen Kräfte im Mittelpunkt, die das Leben und Verhalten der Menschen bedingen. Das Theater soll aufrütteln und politisch bewegen und verändern. Die Bühne soll zu einer Stätte der Erkenntnis werden. Piscator bedient sich bei seinen Inszenierungen der neuen Medien zur Herstellung von Authentizität (wie Einblendung von Filmszenen, Fotografien, Spruchbänder, Sprechchöre). Anstelle des traditionellen Hoftheaters und der Einteilung in Parkett, Ränge, Logen bzw. der Guckkastenbühne (Trennung von Bühne und Publikum durch den Vorhang) vertritt er ein „Totaltheater", um die Zuschauer in das Theatergeschehen einzubeziehen. Bertolt Brecht knüpft an die Ideen Piscators an. Er verändert die herkömmlichen Formen des Theaters zum Antitheater mit dem Ziel, im Theater Beispiele/Modelle einer besseren Welt vorzustellen und durch desillusionierende Provokationen die Gesellschaft zu verändern. Brecht entwickelt so die Theorie und dramaturgische Praxis eines Lehrtheaters (***episches Theater***, vgl. auch die offene Dramenform ↗ S. 52). Um zu verhindern, dass sich das Publikum mit den Bühnenfiguren identifiziert, bedient er sich der Mittel der ***Verfremdung (V-Effekt)***, z. B. durch Zwischengesänge, Spruchbänder, Selbsterklärungen der Figuren. Der Zuschauer soll erkennen, dass es um seine eigenen Interessen geht.
Auf die Gegensätze der Zeit finden die Schriftsteller unterschiedliche Antworten: das einfache Leben (Ernst Wiechert), indische Weisheiten (Hermann Hesse), eine konservativ-humanitäre Weltsicht (Hans Carossa) oder christlich-religiöse Überzeugungen (Gertrud von Le Fort, Werner Bergengruen).

Bevorzugte Literaturgattungen

Dokumentarische Literatur

Reportage, Essay, Glosse, Satire.

Lehrstück

Das Lehrtheater ist in besonderer Weise mit dem Namen Bertolt Brecht verbunden: Lehrtheater/Konzept des epischen Theaters.

Roman

Die Weimarer Republik ist auch die Zeit der großen Romane, z. B. von Thomas Mann, Alfred Döblin, Hermann Hesse, Jakob Wassermann, Jo-

seph Roth, Hermann Broch, Robert Musil, Lion Feuchtwanger, Franz Kafka. Erich Maria Remarque schreibt seinen Weltbestseller *Im Westen nichts Neues* (1929). Man kann an die Tradition der großen deutschen Erzähler des 19. Jahrhunderts (z.B. Raabe, Fontane) und auf die Erzähler aus Frankreich (Stendhal, Balzac, Dickens), aus England (Dickens) und Russland (Tolstoi, Dostojewski) anknüpfen.
Der Montageroman zeigt eine neue vielschichtige Auffassung von Wirklichkeit (Verarbeitung psychoanalytischer Erkenntnisse; Darstellung des „Bewusstseinsstroms" durch Techniken der Aneinanderreihung sprachlicher Bruchstücke, z. B. Alfred Döblin, *Berlin Alexanderplatz*).

Formen des Kabaretts wie Sketch, Satire
Gedicht, Kurzprosa (Zivilisationskritik, Kritik an den politischen Entwicklungen).

Auswahl wichtiger Autoren und Werke
Jakob Wassermann (1873 - 1934)
Der Fall Maurizius (Roman)
Thomas Mann (1875 - 1955)
Der Zauberberg (Roman)
Hermann Hesse (1877 - 1962)
Demian (Roman)
Siddhartha (Roman)
Der Steppenwolf (Roman)
Alfred Döblin (1878 - 1957)
Berlin Alexanderplatz (Roman)
Robert Musil (1880-1942)
Die Verwirrungen des Zöglings Törleß (Roman)
Hermann Broch (1886 - 1951)
Die Schlafwandler (Roman)
Kurt Tucholsky (1890 - 1935)
Deutschland, Deutschland über alles (Satire-Sammlung)
Hans Fallada (1893 - 1947)
Kleiner Mann - was nun? (Roman)
Carl Zuckmayer (1896 - 1977)
Der Hauptmann von Köpenick (Drama)
Bertolt Brecht (1898 - 1956)
Der Jasager und der Neinsager (Lehrstück)
Die heilige Johanna der Schlachthöfe (Drama)

Erich Maria Remarque (1898 - 1970)
Im Westen nichts Neues (Roman)
Ödön von Horváth (1901-1938)
Geschichten aus dem Wiener Wald (Volksstück)

Nationalsozialismus und Exil

Der Zusammenbruch der New Yorker Börse (1929) löst eine Weltwirtschaftskrise aus, die für Deutschland verheerende Konsequenzen hat. Die Machtergreifung der Nationalsozialisten im Jahre 1933 hat auch für die Literatur weitreichende Folgen: Es bildet sich eine spezifische nationalsozialistische Kunstproduktion heraus, die stark durch völkisch-vaterländische Vorstellungen, durch Irrationalismus, Führerideologie, Blut-und-Boden-Romantik und sozialdarwinistische Vorstellungen geprägt ist. Dies entsteht aus einer Gesinnung heraus, die lange vor Hitler, d. h. bereits im 19. Jahrhundert, ihre Ursprünge hat. Zunehmend orientiert sich die NS-Literatur an ideologischen Grundsätzen wie Rasse, Führertum, Kampf, Gewalt, Gemeinschaft (↗ S. 41). Weitere Kriterien dieser Gesinnungs- und Weltanschauungsliteratur sind Autoritätsgläubigkeit, militanter Nationalismus, kultische Führerverehrung, pseudorevolutionäre Kampfstimmung.
Verbale Mittel dieser Literatur sind z. B. stereotype, vor allem sakrale Metaphern, mit denen Hoheit, Größe, Würde vorgetäuscht wird (z. B. Altäre, Choräle, Glockenläuten, Hünengräber, Runen, Eichenwälder), Symbole der Fruchtbarkeit (Mutterschoß, Erde, Korn) sowie militärisches Vokabular.

Ein Teil der deutschen Schriftsteller bekennt sich während der NS-Diktatur offen zum Nationalsozialismus; ein anderer Teil zieht sich in die *Innere Emigration* (↗ S. 145 - 146) zurück. Andere Schriftsteller werden aus politischen oder rassischen Gründen (manche doppelt stigmatisiert) verboten, verfemt, verfolgt und in die Emigration (↗ S. 144 - 145) getrieben, so z. B.
Thomas Mann - Exil in den USA
Bertolt Brecht - Exil in Dänemark, Schweden, den USA
Kurt Tucholsky - Exil in Schweden, Selbstmord 1935
Stefan Zweig - Exil in Brasilien, Selbstmord 1942
Erich Maria Remarque - Exil in der Schweiz, in Frankreich, den USA
Anna Seghers - Exil in Mexiko
Oskar Maria Graf - Exil in den USA

Durch die Emigration verlieren viele Schriftsteller ihre Sprache und ihr Publikum, damit auch ihr kulturelles Bezugsfeld und ihre schriftstellerische Existenzgrundlage. Viele ihrer Werke werden daher erst nach 1945 auf einer breiteren Grundlage rezipiert (↗ S. 146).
(Zur Sprache im Nationalsozialismus ↗ S. 41 - 42)

Literatur des Exils

Viele Schriftsteller gehen nach der Machtübernahme der Nationalsozialisten ins Exil (von lat. exilium = Verbannung) und lassen sich zunächst in europäischen Nachbarländern nieder. Die Tschechoslowakei ist anfangs das attraktivste Exilland. Die Sowjetunion kommt fast nur für Mitglieder der KPD bzw. Repräsentanten der proletarisch-revolutionären Literatur infrage. Die Stabilisierung des „Dritten Reiches" (Anschluss Österreichs, Annexion der Tschechoslowakei, Besetzung Frankreichs) zwingt viele Exilanten abermals zur Flucht, nach England oder Übersee. Sie finden sich schließlich auf allen fünf Kontinenten wieder. Mit Beginn des Zweiten Weltkrieges verschärft sich die Situation der deutschen Exilanten. In Frankreich werden sie z. B. in Massenlagern interniert, einzelne auch der deutschen Besatzung ausgeliefert.

Die materiellen Verhältnisse der Exilanten sind unterschiedlich: Während die Mehrzahl existenzielle Probleme hat, können z. B. Schriftsteller wie Thomas Mann und Stefan Zweig ihren gewohnten Lebensstil aufrechterhalten. Die meisten setzen ihren vor 1933 begonnenen literarischen Weg fort. Ein der Exilliteratur gemeinsamer Stil oder ein einheitliches politisches Programm existiert nicht.

Die im Exil bevorzugte Gattung ist der Roman; dabei spielt der Deutschlandroman eine wichtige Rolle: Der Welt soll das wahre Gesicht des „Dritten Reiches" gezeigt werden (z. B. Lion Feuchtwanger, *Geschwister Oppermann*, 1933). Auch der historische Roman erfreut sich großer Beliebtheit (z. B. Thomas Mann, *Lotte in Weimar*, 1939). Eine wichtige Thematik ist auch das Exil selbst (z. B. Feuchtwanger, *Das Exil*, 1940).

Der produktivste Dramatiker des Exils ist Bertolt Brecht (↗ S.145). Im Exil entstehen Dramen, die Brechts Weltgeltung begründen. Darin geht es um grundsätzliche Fragestellungen, z. B. die ethische Verantwortung des Wissenschaftlers *(Leben des Galilei)*, die Beziehung kleiner Leute zum Krieg *(Mutter Courage und ihre Kinder)*, die Kritik an idealistischen Auffassungen *(Der gute Mensch von Sezuan)*.

Die Lyrik wird u.a. von Vertretern der Agitations- und politischen Gebrauchslyrik bestimmt (z.B. Parodien, Satiren, Spott- und Schmähgedichte, die gegen das „Dritte Reich" und ihre Repräsentanten gerichtet sind). Brechts Worte „Schlechte Zeit für Lyrik" weisen auf die verbreitete Meinung hin, dass angesichts der Untaten des NS-Regimes herkömmliche lyrische Formen (Reim, Rhythmus) und Themen (Liebe, Natur) kaum mehr möglich sind, ohne die realen politischen Zusammenhänge zu verharmlosen.

Auswahl wichtiger Autoren und Werke

THOMAS MANN (1875 - 1955)
Lotte in Weimar (Roman)
Doktor Faustus (Roman)
STEFAN ZWEIG (1881 - 1942)
Schachnovelle
LION FEUCHTWANGER (1884 - 1958)
Die Geschwister Oppermann (Roman)
Das Exil (Roman)
HERMANN BROCH (1886 - 1951)
Der Tod des Vergil (Roman)
BERTOLT BRECHT (1898 - 1956)
Leben des Galilei (Drama)
Mutter Courage und ihre Kinder (Drama)
Svendborger Gedichte
Der gute Mensch von Sezuan (Drama)
ANNA SEGHERS (1900 - 1983)
Das siebte Kreuz (Roman)

Literatur der Inneren Emigration

Mit der Bezeichnung „Innere Emigration" wird die Einstellung der Schriftsteller zusammengefasst, die nach 1933 in Deutschland geblieben sind und die dem Nationalsozialismus teils indifferent, teils feindselig gegenüberstehen. Sie gelten nicht, wie die aus dem „Dritten Reich" Geflohenen, als erklärte Regimegegner, sind aber zum Teil deutlich materiellen und intellektuellen Bedrohungen ausgesetzt. Die jeweiligen Gegebenheiten sind bei den einzelnen Schriftstellern sehr verschiedenartig. Überwiegend wird ein christlich-humanistisches Ethos im Sinne des europäischen Erbes vertreten; sie verstehen sich als

„geistige Opposition gegen den nationalsozialistischen Ungeist". Direkte politische Appelle gegen das NS-Regime sind kaum möglich, wohl aber eine indirekte Kritik, die allerdings von der Leserschaft ein Kombinieren zwischen den Zeilen verlangt. Im Kontrast zu dem ideologischen Sprachschwulst der Literatur des „Dritten Reiches" schreiben die Vertreterinnen und Vertreter der Inneren Emigration oft in einem gehobenen traditionellen Sprachstil. Zu ihnen gehören z. B. Ernst Wiechert, Elisabeth Langgässer, Rudolf Alexander Schröder, Reinhold Schneider, Werner Bergengruen, Marie-Luise Kaschnitz, Erich Kästner.

3.14 Literatur der Nachkriegszeit (1945–1949)

Historischer Hintergrund

Für die Zeit unmittelbar nach dem Krieg sind vor allem die wirtschaftliche und politische Situation des Neuanfangs sowie die materiellen Schwierigkeiten zu nennen: Viele Druckereien sind ausgebombt, das Papier ist knapp und wird kontingentiert, die Besatzungsmächte haben ein Zensurrecht. Die Reaktionen auf die schrecklichen Nachrichten von Völkermord und KZ und das Bekanntwerden der Bilanzen des Elends (Tote, Kriegsversehrte, Vertriebene, Evakuierte) sind unterschiedlich:

- Fassungslosigkeit über das Ausmaß des NS-Terrors und Einsicht in die Gründe,
- Tendenzen, den Fragen nach den Ursachen aus dem Wege zu gehen,
- das Bemühen, in dieser durch Hunger, Wohnungsnot und Mangelwirtschaft geprägten Situation zu überleben.

Literarische Strömungen und bevorzugte Textarten

Zeitungen, Zeitschriften und Rundfunk haben für die Literaturentwicklung nach dem Kriege eine besondere Bedeutung. Die Papierknappheit erhöht den Wert jeder Zeitungsseite. Dem Einfluss der Zeitungen ist (angesichts von Informationsbedürfnis und Lesehunger vieler Menschen, die 12 Jahre lang von den weltweiten Entwicklungen abgeschnitten waren) auch die schnelle und weite Verbreitung von Werken der Weltliteratur (z. B. von A. de Saint-Exupéry, André Gide, Ernest Hemingway, Sinclair Lewis) zu verdanken. Der Verleger Rowohlt publiziert diese Literatur in Form von Zeitungs-Rotations-Romanen, später (ab 1950) in preiswerten Taschenbuchbänden.

Auch dass die ***Kurzgeschichte*** (nach dem Muster der amerikanischen Shortstory) zur beherrschenden epischen Kurzform der Nachkriegszeit wird, ist dem Einfluss der Zeitungen zuzuschreiben. Nicht wenige Schriftsteller haben in den Nachkriegsjahren Kurzgeschichten verfasst, z. B. Wolfgang Borchert, Heinrich Böll, Ilse Aichinger, Hans Bender, Wolfdietrich Schnurre, Martin Walser. Vorbild ist dabei oft der amerikanische Schriftsteller Ernest Hemingway (1899 - 1961).
In der unmittelbaren Nachkriegszeit findet der Standpunkt, dass nach Auschwitz und im Zusammenhang mit der existentiellen Not der Gegenwart jeder ästhetisierende Text deplatziert sei, weite Verbreitung. Umso mehr eignet sich die Kurzgeschichte mit ihrer kargen sprachlichen Form zur Darstellung der bevorzugten Themen. Diese sind: Angst, Niedergeschlagenheit, Leid und Leiderfahrung, Erfahrungen des Krieges, Not der Nachkriegszeit, Scham über die Geschehnisse, Einsamkeit, Klage und Anklage, Frage nach Schuld und Mitschuld. Man verzichtet auf jeglichen Heroismus, auf Pathos und schöne Worte.

Eine besondere Bedeutung erhält nach 1945 das ***Hörspiel*** (z. B. von Günter Eich, Ingeborg Bachmann), weil es (im Gegensatz zu der „lauten" und aufdringlichen Literatur des NS-Regimes) dem Rundfunkhörer Einfühlsamkeit und Fantasie ermöglicht und weil es den Mangel an Theaterbühnen ausgleicht. Viele klassische Dramen werden in Rundfunkdialoge umgeschrieben. Wolfgang Borcherts Hörspielfassung des Schauspiels *Draußen vor der Tür* (1947) erzielt eine enorme Wirkung.

Besonderes Interesse finden auch die Schriftsteller des Exils. Es wirkt für nicht wenige tröstlich, dass diese während der NS-Zeit Werke von Weltgeltung verfasst haben (↗ S. 144 - 145). In den Westzonen lassen sich die Tendenzen und Intentionen mit den Begriffen ***Trümmerliteratur*** (Heinrich Böll) und ***Literatur des Kahlschlags*** (Wolfgang Weyrauch) kennzeichnen. Sprachlich sucht man einen Neuanfang und neue Ausdrucksformen, die sich vom Pathos der Sprache im Nationalsozialismus abheben (zur Sprache im Nationalsozialismus ↗ S. 41 - 42). Die Forderung nach Wahrheit und Mitmenschlichkeit steht im Vordergrund. Im Jahre 1947 finden sich Schriftsteller zur ***Gruppe 47*** zusammen; zwei Jahrzehnte bestimmt diese Gruppe das Bild der bundesdeutschen Gegenwartsliteratur, bis sie sich im Jahre 1977 endgültig auflöst.
In der *sowjetisch besetzten Zone* wird zunächst ein antifaschistisches Bündnis aller demokratischen Kräfte propagiert. Ziel ist es, die demokratische Elite der antifaschistischen Literatur (wie Peter Huchel, Anna

Seghers, später auch Bertolt Brecht, Ernst Bloch, Stefan Heym) einzubürgern. Die Kulturpolitik ist in den ersten Jahren nach dem Kriege liberal und wird finanziell großzügig unterstützt. So wird Exilautoren der literarische Neubeginn durch bereitwillige Aufnahme und Förderung erleichtert.

Das Gedicht von Günter Eich *Inventur*, in einem amerikanischen Gefangenenlager entstanden, wird von vielen aufgrund seiner Schmucklosigkeit und Einfachheit als typisch für die Situation nach dem Krieg und für den Neuanfang angesehen.

▶ ZITAT

Inventur

Dies ist meine Mütze,
dies ist mein Mantel,
hier mein Rasierzeug
im Beutel aus Leinen.

Konservenbüchse:
Mein Teller, mein Becher,
ich hab in das Weißblech
den Namen geritzt.
Geritzt hier mit diesem
kostbaren Nagel,
den vor begehrlichen
Augen ich berge.

Im Brotbeutel sind
ein Paar wollene Socken
und einiges, was ich
niemand verrate,
so dient es als Kissen
nachts meinem Kopf.
Die Pappe hier liegt
zwischen mir und der Erde.

Die Bleistiftmine
lieb ich am meisten:
Tags schreibt sie mir Verse,
die nachts ich erdacht.

Dies ist mein Notizbuch,
dies meine Zeltbahn,
dies ist mein Handtuch,
dies ist mein Zwirn.

(Günter Eich, Inventur, 1945)

Auswahl wichtiger Autoren und Werke

GOTTFRIED BENN (1886 - 1956)
Gedichte
MARIE-LUISE KASCHNITZ (1901 - 1974)
Gedichte
GÜNTER EICH (1907 - 1972)
Träume (Hörspiel)
Die Mädchen aus Viterbo (Hörspiel)
Gedichte, z. B. *Inventur*
HEINRICH BÖLL (1917-1985)
Bekenntnis zur Trümmerliteratur (Programmatischer Text)
PAUL CELAN (1920 - 1969)
Gedichte, z. B. *Todesfuge*
WOLFDIETRICH SCHNURRE (1920 - 1989)
Kurzgeschichten, z. B. *Jenö war mein Freund*
WOLFGANG BORCHERT (1921 - 1947)
Draußen vor der Tür (Drama)
Kurzgeschichten, z. B. *An diesem Dienstag*
Das ist unser Manifest (Programmatischer Text)

3.15 Literatur der Bundesrepublik Deutschland, der Schweiz und Österreichs (1949 - 1990)

Von der Gründung der BRD bis zur Mitte der 60er-Jahre

Die Gründung der Bundesrepublik Deutschland (1949) ist die Folge einer Entwicklung, die sich vor dem Hintergrund zunehmender Spannungen zwischen den westlichen Siegermächten und der UdSSR (aufgrund der Gegensätze ihrer gesellschaftlich-ideologischen Systeme) abspielt. Das Jahr 1949 bringt die Bildung zweier deutscher Staaten und damit die Entwicklung zweier deutscher Literaturen, die zwar nicht hermetisch voneinander getrennt sind, doch unter den Bedingungen des jeweiligen Gesellschaftssystems stehen (↗ S. 157 - 160).

- Die Literaten der jungen Generation treten in den 50er-Jahren in Gegensatz zu der offiziellen Politik der *Ära Adenauer*. Es werden Warnungen formuliert gegenüber Anpassungsverhalten und Mitläufertum sowie Erfahrungen mit Krieg und Totalitarismus verarbeitet.

Kunst und Politik gehen zunächst noch weithin getrennte Wege. Das in der Bundesrepublik früh einsetzende Wirtschaftwunder (u. a. eine Folge des Marshallplans) beeinflusst die Mentalität breiter Bevölkerungsschichten: Konsum und Besitz werden zu Ausweisen von Tüchtigkeit. In dieser Situation verstehen sich nicht wenige Schriftsteller als kritische Beobachter und unbequeme Mahner.

- Literarische Traditionen werden weitergeführt (z. B. in der Lyrik: Gottfried Benn, Heinz Piontek). Ab 1949 wird Gottfried Benn, einer der bedeutendsten Dichter der Neuzeit, dessen entidealisiertes Menschenbild nichts mehr zu tun hat mit dem Ideal des vernunftbegabten Menschen von Aufklärung und Klassik (↗ S. 103–118), von einer breiten Leserschicht wahrgenommen. Er gilt als Galionsfigur der neuen Lyrik. Man schätzt seine sprachliche Virtuosität und seine Kunstanschauung. Bezeichnend ist auch, dass Frauen im ersten Jahrzehnt der Bundesrepublik die Entwicklung der Lyrik entscheidend mitbestimmen, z. B. Marie-Luise Kaschnitz, Nelly Sachs, Hilde Domin, Ingeborg Bachmann.
- Die Theater bevorzugen in ihren Spielplänen Werke französischer, britischer und amerikanischer Autoren wie Jean Anouilh, Christopher Fry, Thornton Wilder. Samuel Beckett und Eugène Ionesco werden als Vertreter eines surrealistischen Bühnenstils bekannt *(absurdes Theater)*. Wichtige Impulse erhält das deutsche Theater durch die beiden Schweizer Dramatiker Max Frisch (z. B. *Andorra*, Uraufführung 1961) und Friedrich Dürrenmatt (z. B. *Die Physiker*, Uraufführung 1962).
- Die philosophische Richtung des ***Existentialismus***, die besonders die Beziehungs- und Bindungslosigkeit der Existenz betont, gewinnt – bereits unmittelbar nach dem Krieg – Einfluss auf literarische Strömungen, für die Franz Kafka (↗ S. 139) der wichtigste literarische Bezugspunkt ist. Das Dasein erscheint in dieser literarischen Strömung als absurd, weil das Ich nicht mehr von einer einheitlichen Idee oder von einer Instanz außerhalb des Individuums gelenkt wird. Im Zusammenhang mit der Konfrontation der Weltmächte (Kalter Krieg, Wettrüsten, Visionen atomarer Vernichtung) wird vor allem in der Literatur deutlich die Sinnfrage gestellt. Exemplarisch steht dafür die ***Tragikomödie*** *Die Physiker* von Friedrich Dürrenmatt. Zum Theaterkonzept Dürrenmatts das folgende Beispiel:

ZITAT

Die heutige Welt, wie sie uns erscheint, lässt sich ... schwerlich in der Form des geschichtlichen Dramas Schillers bewältigen, allein aus dem Grunde, weil wir keine tragischen Helden, sondern nur Tragödien vorfinden, die von Weltmetzgern inszeniert und von Hackmaschinen ausgeführt werden. Aus Hitler und Stalin lassen sich keine Wallensteine mehr machen.

(Aus: Theaterprobleme, 1955)

- Die meisten in den 50er-Jahren bekannten Schriftsteller werden von der ***Gruppe 47*** (↗ S. 147) gefördert. Dies ist ein loser Zusammenschluss von (zuletzt) ca. 200 Schriftstellerinnen und Schriftstellern, der von 1947 bis 1977 besteht.
- Einen wichtigen Einschnitt markiert die Zeit um 1960. Mit Romanen von Günter Grass *(Die Blechtrommel)*, Heinrich Böll *(Ansichten eines Clowns)*, Max Frisch *(Homo faber)*, Siegfried Lenz *(Die Deutschstunde)*, Uwe Johnson *(Mutmaßungen über Jakob)* gewinnt die deutsche Literatur Anschluss an die Weltliteratur. Die Romane zeigen distanzierte und skeptische Sichtweisen auf. Es werden Modelle humaner Verhaltensweisen entworfen; der Außenseiter wird zur Leitfigur.

Auswahl wichtiger Autoren und Werke

GOTTFRIED BENN (1886 – 1956)
Gesammelte Gedichte
NELLY SACHS (1891 – 1970)
Gedichtband *Flucht und Verwandlung*
MARIE-LUISE KASCHNITZ (1901 – 1974)
Neue Gedichte
WOLFGANG KOEPPEN (1906 – 1996)
Tauben im Gras (Roman)
GERD GAISER (1908 – 1976)
Schlussball (Roman)
MAX FRISCH (1911 – 1991)
Stiller (Roman)
Homo faber (Roman)
Andorra (Drama)
HEINRICH BÖLL (1917 – 1985)
Haus ohne Hüter (Roman)
Ansichten eines Clowns (Roman)

FRIEDRICH DÜRRENMATT (1921 - 1990)
Der Richter und sein Henker (Roman)
Der Besuch der alten Dame (Drama)
Die Physiker (Drama)
Theaterprobleme (Programmatische Schrift)
INGEBORG BACHMANN (1926 - 1973)
Die gestundete Zeit (Gedichtsammlung)
SIEGFRIED LENZ (geb. 1926)
Deutschstunde (Roman)
So zärtlich war Suleyken (Erzählungen)
Der Mann im Strom (Roman)
MARTIN WALSER (geb. 1927)
Halbzeit (Roman)
HANS MAGNUS ENZENSBERGER (geb. 1929)
Gedichtband *verteidigung der wölfe*
UWE JOHNSON (1934 - 1984)
Mutmaßungen über Jakob (Roman)

Politisierung der Literatur: Die 60er- und 70er-Jahre

Die ersten 15 Jahre der Bundesrepublik Deutschland stehen aus der Sicht vieler Schriftsteller im Zeichen der Restauration: Wirtschaftlicher Aufschwung und Konsumorientierung seien mit geistiger Verkrustung, politischer Kritiklosigkeit und angepasstem Verhalten verbunden. Eine Auseinandersetzung mit der nationalsozialistischen Vergangenheit finde kaum statt.

Amerikas Krieg in Vietnam hat innenpolitisch in der BRD starke Wirkungen. Die außerparlamentarische Opposition (APO) ist der Reflex auf die Bildung der großen Koalition von CDU und SPD (1966), da eine wirkliche Opposition nicht mehr vorhanden ist. Sie findet vor allem bei den Studierenden großen Anklang. In die allgemeine Politisierung dieser Zeit wird auch die Literatur einbezogen, zumal sich seit Bildung der Bundesrepublik viele Schriftsteller als kritische Warner (↗ S. 150) verstehen.

- Eine besondere Bedeutung gewinnt die ***Dokumentarliteratur***. Sie verfolgt vor allem eine gesellschaftskritische Intention. Verarbeitet wird dabei Tatsachenmaterial aus Interviews, Presseberichten, Protokollen, Prozessakten, das im Sinne der Intention gestaltet wird.

BEISPIELE Rolf Hochhuth: *Der Stellvertreter* (1963)
In dem weltweit bekannten Stück geht es um Kritik an der Haltung von Papst Pius XII. und der katholischen Kirche gegenüber der Verfolgung und Ermordung der Juden durch die Nationalsozialisten.
Peter Weiss: *Die Ermittlung. Oratorium in 11 Gesängen* (1965)
Das Material entstammt dem Auschwitzprozess (Dez. 1963 bis August 1965 in Frankfurt/Main). Die ersten fünf „Gesänge" sind überschrieben: 1. Gesang von der Rampe, 2. Gesang vom Lager, 3. Gesang von der Schaukel, 4. Gesang von der Möglichkeit des Überlebens, 5. Gesang vom Ende der Lili Tofler. Der letzte Teil trägt die Überschrift: 11. Gesang von den Feueröfen.
Günter Wallraff: *Der Aufmacher* (1977), *Ganz unten* (1985)
Der Schriftsteller nimmt für seine kritischen Reportagen, mit denen er soziale Missstände aufdecken will, falsche Identitäten an, um entsprechend recherchieren zu können. Das Buch *Ganz unten*, für das Wallraff in die Rolle des türkischen Arbeiters Ali schlüpft, erreicht sechs Wochen nach Erscheinen eine Millionenauflage.

- Politisches Engagement wird auch deutlich in der Lyrik Erich Frieds (*Warngedichte*) und in der Gesellschaftskritik Heinrich Bölls, z.B. in den Romanen/Erzählungen *Ansichten eines Clowns* (1963), *Gruppenbild mit Dame* (1971), *Die verlorene Ehre der Katharina Blum* (1974). Hans Magnus Enzensberger knüpft mit seinen Gedichten an die Tradition der politischen Lyrik Bertolt Brechts an. Auch der Schriftsteller Günter Grass nimmt in seinen Werken zu aktuellen, umstrittenen Fragen Stellung. Er engagiert sich nicht nur politisch, sondern auch parteipolitisch für die SPD.
- Während der Studentenbewegung (vgl. oben) entsteht, parallel zu anderen Ländern, eine neue Frauenbewegung, die das politische Bewusstsein verändert und der Literatur neue Impulse gibt (z.B. Elfriede Jelinek, Christa Reinig).
- Eine besondere Bedeutung in der politischen Protestbewegung gewinnen kabarettistische Formen (z.B. Franz Josef Degenhardt). Mit Chansons und Balladen werden Traditionen des Bänkelsangs und der Moritat genutzt.
- Einfluss gewinnen auch die Formen der konkreten Poesie (z.B. Eugen Gomringer, Franz Mon, Ernst Jandl, Wolf Wondratschek) und neue experimentelle Hörspielkonzepte. Ein berühmtes Beispiel für ***konkrete Poesie*** ist der folgende Text von Eugen Gomringer:

ZITAT

schweigen schweigen schweigen
schweigen schweigen schweigen
schweigen   schweigen
schweigen schweigen schweigen
schweigen schweigen schweigen

(Eugen Gomringer, entst. 1969)

Auswahl wichtiger Autoren und Werke

PETER WEISS (1916 - 1982)
Die Ermittlung. Oratorium in 11 Gesängen (Drama)
HEINRICH BÖLL (1917 - 1985)
Gruppenbild mit Dame (Roman)
Die verlorene Ehre der Katharina Blum (Erzählung)
ERICH FRIED (1921 - 1988)
Gedichtband *und Vietnam und*
HEINAR KIPPHARDT (1922 - 1982)
In der Sache J. Robert Oppenheimer (Drama)
EUGEN GOMRINGER (geb. 1925)
Gedichtband *worte sind schatten*
GÜNTER GRASS (geb. 1927)
Örtlich betäubt (Roman)
Das Treffen in Telgte (Roman)
WALTER KEMPOWSKI (geb. 1929)
Tadellöser & Wolf (Roman)
FRANZ XAVER KROETZ (geb. 1946)
Wildwechsel (Drama)

„Neue Subjektivität" – Literatur der 70er-Jahre

Die Politisierung des Lebens wird etwa Mitte der 70er-Jahre von einer Tendenzwende abgelöst. Die *Neue Subjektivität* oder *Neue Innerlichkeit* (von Kritikern auch als *Selbstbeobachtungsliteratur* abgestempelt bzw. als *Narzissmus, Egozentrik, Nabelschau* ohne gesellschaftliche Bedeutung abgelehnt) lässt sich unter anderem auch als eine Reaktion auf den politischen Aktionismus Ende der 60er- und Anfang der 70er-Jahre deuten. Es geht dabei vorrangig um die Verarbeitung individueller Erfahrungen.

In der Lyrik ist das kommunikative Gedicht gefragt, das dem Leser bzw. der Leserin ein Mitlesen erlaubt; abgelehnt wird eine elitäre Sprache.

Lyrik wird zu einer „prosaischen Sache“ (Jürgen Theobaldy). Man ist der Meinung, dass direkte Authentizität keine ästhetischen Fesseln verträgt. Für die Lyrik der Neuen Subjektivität steht auch Rainer Malkowski.

ZITAT

Erleichtert,
mit triumphierend geschlossenen Augen
nehmen wir Abschied von allen Plänen.
Jeder für sich:
auf glückliche Weise
verschollen in seinem Stuhl

(Rainer Malkowski, Gedichte, 1989)

- Der neue Trend zur Innerlichkeit und Subjektivität wird deutlich von schreibenden Frauen mitbestimmt (z. B. Ursula Krechel, Karin Kiwus, Gabriele Wohmann, Elfriede Jelinek, Barbara Frischmuth). Der ausschließliche Bezug auf eigenes Erleben findet allerdings auch Kritik (↗ S. 154).
- In den 70er- und 80er-Jahren (der Anteil der Ausländer an der westdeutschen Bevölkerung beträgt inzwischen ca. 7,5 %) entsteht eine ***Migrantenliteratur***, die vor allem die Probleme zwischen Integration und Ablehnung thematisiert.

Auswahl wichtiger Autoren und Werke

Gabriele Wohmann (geb. 1932)
Ernste Absicht (Roman)
Jürgen Theobaldy (geb. 1944)
Gedichtband *Zweiter Klasse*
Elfriede Jelinek (geb. 1946)
Die Liebhaberinnen (Roman)
Ursula Krechel (geb. 1947)
Gedichte

„Postmoderne“ – Literatur der 80er-Jahre

Mit dem aus der Kunsttheorie stammenden Begriff „Postmoderne“ werden die unterschiedlichen, zum Teil widersprüchlichen Literaturtendenzen der 80er-Jahre des 20. Jahrhunderts gekennzeichnet, sich von Zielen und Techniken der Moderne abzuwenden und zugleich Formen aufzunehmen, die von der Moderne als veraltet abgelehnt werden. Als

Merkmale postmoderner Literatur können angesehen werden: Spiel mit den literarischen Traditionen, die Verwischung verschiedener Genres und Stilebenen, Wertvorstellungen und Weltdeutungsmuster, konzeptionelle Offenheit, Überwindung traditioneller Festlegungen und Grundsätze. Es geht dabei einmal um Abgrenzung gegenüber einer *gesellschaftlichen Moderne* (Technisierung, Bürokratisierung), zum anderen um eine Abgrenzung gegenüber der *ästhetischen Moderne* (z. B. experimentelle Literaturansätze des Expressionismus, des Dadaismus, Surrealismus; Orientierung an „Leitfiguren" wie Franz Kafka, James Joyce, Paul Celan). Die Vertreter der Postmoderne verstehen sich in einem gewissen Sinne auch als *Antimoderne*. Mit der Distanzierung von experimentellen Ansätzen geht auch bei vielen Autoren ein neues Formbewusstsein und (vor allem in der Epik) eine Orientierung an traditionellen Erzählweisen einher. So wird im Roman die Handlung ohne Schnörkel (oft ohne Zeitbrüche) erzählt.

Auch Zeit- und Gesellschaftskritik (u. a. Zerstörung der Umwelt, Wettrüsten) sowie der Rückgriff auf eine geschichtliche Thematik ist für die Postmoderne typisch. Umberto Ecos Roman *Der Name der Rose* (dt. Übersetzung 1982) stellt einen wichtigen Impuls aus dem Ausland dar. Bekanntestes Beispiel aus dem deutschen Sprachraum ist Patrick Süskinds Erfolgsroman *Das Parfüm - Die Geschichte eines Mörders* (1985), in dem der Verfasser literarische Motive aus verschiedenen Epochen nutzt und ironisierend verarbeitet.

Auswahl wichtiger Autoren und Werke

BRIGITTE KRONAUER (geb. 1940)
Rita Münster (Roman)
Aufsätze zur Literatur (Programmatische Schriften)
STEN NADOLNY (geb. 1942)
Entdeckung der Langsamkeit (Roman)
BOTHO STRAUSS (geb. 1944)
Trilogie des Wiedersehens (Drama)
FRANZ XAVER KROETZ (geb. 1946)
Oberösterreich (Drama)
PATRICK SÜSKIND (geb. 1949)
Das Parfüm - Die Geschichte eines Mörders (Roman)
CHRISTOPH RANSMAYR (geb. 1954)
Die letzte Welt (Roman)

3.16 Literatur der Deutschen Demokratischen Republik (1949 - 1990)

Historischer Hintergrund

Nicht wenige prominente Exilautoren sehen in der sowjetischen Besatzungszone und ab 1949 in der Deutschen Demokratischen Republik (zumindest zeitweise) jenen Teil Deutschlands, in dem durch einen konsequenten Antifaschismus jedes Aufleben nationalsozialistischer Denkweisen und Aktivitäten verhindert wird. Sie haben die Hoffnung, am Aufbau eines neuen Deutschlands mitzuwirken, werden mit offenen Armen aufgenommen und großzügig gefördert, wie z. B. Alfred Döblin, Heinrich Mann, Lion Feuchtwanger, Bertolt Brecht oder Anna Seghers (↗ S. 147 - 148).

Literarische Entwicklungen

Mit der Gründung der Deutschen Demokratischen Republik (DDR) im Jahre 1949 beginnt die kulturelle Einheit der nach dem Kriege zunächst im antifaschistischen Geist arbeitenden deutschen Schriftsteller schnell zu zerfallen. Obwohl es am Anfang eine Vielfalt von Schreibweisen gibt, die durchaus nicht homogen sind, sorgt die Staatsführung der DDR schnell dafür, dass Kontrollorgane die künstlerische Produktion im Lande überwachen.

Otto Grotewohl, Ministerpräsident der DDR, erklärt 1950 die Schriftsteller zu „Kampfgenossen der Regierung“. Dies heißt, dass sich die Kunst den politischen Zielsetzungen unterordnen muss. Auch die Literatur gilt demnach als Instrument beim Aufbau des Sozialismus, sie hat bei der „antifaschistisch demokratischen Neuordnung“ mitzuwirken.

Die Orientierung am ***Sozialistischen Realismus*** (Instrumentalisierung der Prinzipien des Realismus für die Zwecke des Sozialismus) wird für das gesamte Kunstschaffen verbindlich.

In der Aufbauphase führt die befohlene gesellschaftliche Funktion der Literatur auch zu schönfärberischer Preislyrik auf Lenin und Stalin und die Ideale des Arbeiter-und-Bauern-Staates sowie zu einseitig-polemischer Agitation gegenüber der BRD. Thematisch bleibt die kritisch-konsequente Auseinandersetzung mit dem Faschismus von großer Bedeutung. Hervorragendes Beispiel ist der Buchenwald-Roman von Bruno Apitz *Nackt unter Wölfen* (1958).

- Mit Bertolt Brecht hat die DDR einen Schriftsteller, der internationales Ansehen (↗ S. 144) genießt. Vor allem durch die Modellaufführungen seiner Stücke mit dem von seiner Frau, der Schauspielerin Helene Weigel, gegründeten Berliner Ensemble setzt er neue Impulse für das Theater und erprobt seine Vorstellungen von seiner Theorie des ***epischen Theaters*** (↗ S. 141). Mit dem *Theater am Schiffbauerdamm* wird ihm dazu eine vorzügliche Plattform ermöglicht. In der BRD setzt erst im Verlauf der 60er-Jahre eine allgemeine und positive Rezeption Brechts ein. In den ersten Jahren der BRD galt Brecht vielen als „unverbesserlicher Kommunist".
- Die ständigen Schwankungen in der Literaturpolitik der DDR, die bis zu deren Ende anhalten, sind für viele Schriftstellerinnen und Schriftsteller irritierend. So bewegt sich die Politik zwischen *Tauwetterphasen* (z. B. 1953 nach dem Volksaufstand und dem Tod Stalins; 1971 nach dem Machtwechsel von Ulbricht zu Honecker) und *Eiszeit* (z. B. 1965, nach den Aufständen in Polen und Ungarn; 1976, nach der Ausbürgerung des Liedermachers Wolf Biermann). Erich Loest ist das Beispiel für einen Regimekritiker. Er wird 1957 verhaftet und (unter dem Vorwurf konterrevolutionärer Gruppenbildung) zu einer Gefängnisstrafe verurteilt. Schriftsteller, die versuchen, sich den Schwierigkeiten mit der Zensur und den Dogmen des sozialistischen Realismus zu entziehen, setzen sich dem Argwohn des Regimes aus (z. B. Sarah und Rainer Kirsch, Karl Mickel, Volker Braun, Kurt Bartsch). Fortschrittsskeptische Autoren wie Günter Kunert gelten als Provokateure und werden entsprechend angefeindet. Der Liedermacher Wolf Biermann erhält Auftrittsverbot (1964).
- Manche Texte werden im Westen veröffentlicht, z. B. Reiner Kunze, *Sensible Wege*. Der Autor wird dafür mit Veröffentlichungsverbot in der DDR bestraft. Um direkte Kontakte mit Westverlagen zu unterbinden (aber auch als Devisenquelle), wird in Ost-Berlin ein „Büro für Urheberrechte" eingerichtet.
- Die Ablösung Ulbrichts durch Honecker markiert eine erneute Wende in der Entwicklung der Literatur und bringt eine kritische Diskussion in Gang. Diese Kritik greift jedoch nie das sozialistische System selbst an. Es gibt kaum einen DDR-Autor von Rang, der sich nicht zu den Zielen des Sozialismus (im Hinblick auf eine Umgestaltung der Eigentumsverhältnisse) bekennt, aber nicht gleichzeitig für eine Humanisierung und Demokratisierung bestimmter Zusammenhänge eintritt. Wichtigstes Beispiel aus dieser Phase ist Ulrich Plenzdorfs

Die neuen Leiden des jungen W. In den 70er-Jahren ändert sich für nicht wenige DDR-Autoren die Marktsituation. Nach dem Grundlagenvertrag mit der BRD (1972) erhält die DDR weltweit politische Anerkennung. Die Parole „Wandel durch Annäherung" ermöglicht es nicht wenigen Schriftstellern der DDR, auf dem Buchmarkt der BRD bekannt zu werden. Auch wenn die Werke oftmals sozialistischen Anliegen dienen, werden sie aufgrund ihrer hohen Qualität im Westen schnell wahrgenommen (z. B. Werke von Christa Wolf und Stefan Heym).

- Mit der Ausbürgerung Wolf Biermanns, dem 1976 während einer Konzertreise in der BRD die Staatsbürgerschaft der DDR entzogen wird, findet die liberale Phase ein schroffes Ende. Zwölf namhafte Schriftsteller der DDR protestieren mit einem (in der westdeutschen Presse publizierten) Schreiben gegen diesen Akt staatlicher Willkür und erklären sich mit Biermann solidarisch. Die Proteste, denen sich weitere Künstler anschließen, zeigen jedoch keine Wirkung, rufen eher eine härtere Gangart der Staatsführung auf den Plan: Publikationsverbote, Hausarrest, Verhaftung, Bespitzelung. Reiner Kunze veröffentlicht später – im Jahre 1990 – unter dem Titel *Deckname Lyrik* Auszüge aus den Akten des Staatssicherheitsdienstes zu seiner Person. Bis zum Ende der DDR übersiedeln mehr als 100 Schriftsteller in die BRD, darunter bekannte Autoren wie Günter Kunert, Reiner Kunze, Jurek Becker, Wolfgang Schädlich, Erich Loest, Peter Huchel, Uwe Johnson, Sarah Kirsch, Monika Maron.
- Auch nach 1976 entstehen bis zum Ende der DDR bedeutende literarische Werke (z. B. von Christa Wolf, Irmtraut Morgner, Stefan Heym). Der Widerspruch zwischen den sozialistischen Idealen und der Realität wird von jungen Literaten weiterhin ausgesprochen. Von ihnen intendierte Veränderungen im System bleiben Utopie; die Haltung der Staats- und Parteiführung ändert sich nicht mehr. Das Jahr 1989 bereitet die Wende vor, das Jahr 1990 markiert das Ende der DDR (3. Oktober 1990).

(Zum politischen Sprachgebrauch in der DDR ↗ S. 43 – 44)

Schriftsteller zwischen Ost und West

Viele DDR-Schriftsteller verlassen den Arbeiter-und-Bauern-Staat bereits vor der Errichtung der Mauer am 13. August 1961. Zu ihnen gehören z. B. Horst Bienek, Walter Kempowski, Gerhard Zwerenz, Uwe John-

son, Heinar Kipphardt. Die Motive für die Ausreise sind sicher sehr unterschiedlich; neben Enttäuschungen über die Festlegungen der offiziellen Kulturpolitik (↗ S. 157) mögen auch die desolate wirtschaftliche Situation der DDR und die geringen Marktchancen ein Grund gewesen sein. Eine besondere Bedeutung spielt die Konfrontation mit Bürokratie und Staatsapparat, die dem DDR-Schriftsteller bereits bei geringen Abweichungen von der Parteilinie das tägliche Leben erheblich erschwert. Für manche Schriftsteller mag die Parole „Wandel durch Annäherung" (↗ S. 159) in den 70er-Jahren auch die Aussicht eröffnet haben, in der BRD im Sinne sozialistischer Ziele wirken zu können.
Motive für ein Verlassen der DDR und zugleich Höhepunkte der Ausreisen ergeben sich mit dem Bau der Mauer im Jahre 1961 und mit der Ausbürgerung von Wolf Biermann im Jahre 1976. Viele der Schriftsteller, die die DDR verlassen, stehen sowohl mit ihrer Biografie als auch mit ihren Einstellungen und ihrem Werk zwischen Ost und West. Manche präsentieren mit ihren schriftstellerischen Intentionen und Visionen, schon lange vor der politischen Vereinigung, das ganze Deutschland.

Auswahl wichtiger Autoren und Werke

Bertolt Brecht (1898 - 1956)
Gedichtzyklus *Buckower Elegien*
Stefan Heym (geb. 1913)
Fünf Tage im Juni (Roman)
Heiner Müller (1929 - 1995)
Der Lohndrücker (Drama)
Gedichte und Hörspiele
Christa Wolf (geb. 1929)
Der geteilte Himmel (Roman)
Kindheitsmuster (Roman)
Kassandra (Roman)
Reiner Kunze (geb. 1933)
Die wunderbaren Jahre (Kurzgeschichten)
Gedichte
Ulrich Plenzdorf (1934-2007))
Die neuen Leiden des jungen W. (Montageroman und Bühnenstück)
Sarah Kirsch (geb. 1935)
Gedichte
Volker Braun (geb. 1939)
Gedichte

3.17 Von der „Wende“ (1990) bis zur Gegenwart

Historischer Hintergrund

Tausende von DDR-Bürgerinnen und Bürgern flüchten im Jahre 1989 über Ungarn, die Tschechoslowakei und Polen in die Bundesrepublik Deutschland. Im Zuge einer gewaltlosen Revolution („Wir sind das Volk“) wird Honecker zum Rücktritt gezwungen. Die Mauer wird am 9. November 1989 geöffnet; die Geschichte der DDR endet mit dem 3. Oktober 1990, als die fünf neu gegründeten Bundesländer der Bundesrepublik Deutschland beitreten.

Dieser Wendepunkt deutscher Geschichte bedeutet zugleich einen Wendepunkt europäischer und weltpolitischer Geschichte. Mit der Auflösung der Sowjetunion im Jahre 1991 wird das letzte multinationale Großreich zur Geschichte. Der Warschauer Pakt löst sich auf; es gibt keinen sozialistischen Staat mehr in Europa. In Deutschland und Europa tauchen Mentalitäten wieder auf, die längst verschwunden zu sein schienen: Nationalismus, Fremdenfeindlichkeit und Rassismus. Für den Übergang vom 20. zum 21. Jahrhundert lässt sich, ähnlich wie für den Übergang vom 18. zum 19 und vom 19. zum 20. Jahrhundert, ein ***Epochenumbruch*** konstatieren:
Auf dem Wege zur Wissens-, Informations- und Mediengesellschaft zerfällt zusehends die bisherige Wohlstandsgesellschaft. Globalisierung zeigt sich als Prozess einer zunehmenden wirtschaftlichen, politischen und kulturellen Verflechtung aller Volkswirtschaften und Kulturen der Welt im Zusammenhang mit den neuen Möglichkeiten digitalisierter Kommunikation, mit großen Vorzügen, aber auch allen Nachteilen.
Kapitalistische Tendenzen, man spricht von „Turbokapitalismsus“ (Geld scheint zunehmend für sich selbst zu arbeiten, nicht mehr für den Menschen), scheinen verstärkt in den Vordergrund zu treten.
Das Jahr 2001 mit den Anschlägen fundamental-islamistischer Terroristen in New York verändert die Welt. Der Terror wird auch zum Thema der Literatur (vgl. beispielsweise den Roman *Saturday* des britischen Autors Ian McEwan).
Die Globalisierung schafft nicht nur Gewinner, sondern auch Verlierer. Das Jahr 2008 stürzt die Welt in eine schwere Finanzkrise, die manche Volkswirtschaften an den Rand des Abgrunds bringt. Angst breitet sich aus: vor Fundamentalismus und Terror, vor Verlust des Arbeitsplatzes und sozialer Deklassierung.

Literarische Entwicklungen

Die Jahre 1989/1990 markieren einen scharfen Einschnitt in die Literatur, denn die bisherigen Zuordnungskriterien stimmen nicht mehr.

- Dies gilt insbesondere für die Autoren der ehemaligen DDR, für die Veränderungen im Alltag und in den Lebensverhältnissen als Themen wichtig werden, z. B. Thomas Brussig (geb. 1965), *Helden wie wir* (Roman, 1996); Durs Grünbein (geb. 1962), *Grauzone morgens*, 1988; *Schädelbasislektionen*, 1991 (beides Gedichtsammlungen).
- Nach der Wende entsteht eine Fülle von Literatur zum Thema *Wiedervereinigung*. Diese aktuelle Thematik wird z. T. verknüpft mit historischen Erinnerungen und biografischem Schreiben (z. B. Erich Loest, *Nicolaikirche*, 1995; Martin Walser, *Ein springender Brunnen*, 1998; Günter Grass, *Ein weites Feld*, 1995).
- Zu Beginn der 90er-Jahre kündigt sich auch ein Generationenwechsel der Schriftsteller an. Die neue Literatengeneration nimmt Abschied vom bislang gültigen Selbstverständnis des Dichters mit der Vergangenheit als selbstverständlichem Bezugspunkt und der Überzeugung, dass große Werke im überzeitlichen Sinne weiterwirken. Mit der Kritik an früheren Entwicklungen (einschließlich der Kritik an Symbolfiguren der Vätergeneration, z. B. Martin Walser, Peter Handke, Hans Magnus Enzensberger) verbindet sich die Vorstellung, Literatur dürfe keine Funktion übernehmen (um nicht funktionalisiert werden zu können). Dies wird auch als Ausdruck einer neu gewonnenen Freiheit angesehen. Der Verzicht auf alles Bedeutende verbindet sich mit einer Sprache, die sich bewusst provisorisch gibt (vgl. Ingo Schulze, *Simple Storys*, 1998). Es wird selten, dass ein Schriftsteller – sieht man einmal von den prominenten Autoren wie Günter Grass, Martin Walser, Siegfried Lenz ab – über den rein literarischen Bereich hinaus allgemeine Aufmerksamkeit oder gar politischen Einfluss erlangt.
- In der sogenannten ***Migrantenliteratur*** – es leben heute mehr als 7 Mio. Menschen ausländischer Abstammung in der BRD – ist die Anzahl der türkischen Autorinnen und Autoren mit Abstand am größten. Für die zweisprachigen Schriftsteller bestimmen unterschiedliche Motive und Inhalte den Schreibprozess: Erfahrungen in der Fremde, Orientierungssuche, Sprach- und Identitätsverlust, besondere Lebensbedingungen von Frauen (z. B. Renan Demirkan, *Schwarzer Tee mit drei Stück Zucker*, 1991).

Beständige Themen der Literatur bis zur aktuellen Gegenwart sind vor allem:

- Lebensprobleme des modernen Menschen (z. B. Juli Zeh, *Spieltrieb*, Roman, 2004),
- Probleme der Informationsgesellschaft und der Globalisierung (z. B. Urs Widmer, *Top Dogs*, Drama, 1997),
- historische Biografien (z. B. Daniel Kehlmann, *Die Vermessung der Welt*, Roman, 2005),
- Terrorismus und Totalitarismus (z. B. Herta Müller, *Atemschaukel*, Roman, 2009),
- Nationalsozialismus, Erfahrungen des 2. Weltkrieges und der Nachkriegszeit (z. B. Julia Franck, *Die Mittagsfrau*, Roman, 2008; Markus Zusak, *Die Bücherdiebin*, 2008).

Ein besonderes Kennzeichen der Gegenwartsliteratur ist der Facettenreichtum der literarischen Formen, Themen und Schreibstile.

Auswahl wichtige Autoren und Werke

SIEGFRIED LENZ (geb. 1926)
Schweigeminute (Novelle)
GÜNTER GRASS (geb. 1927)
Ein weites Feld (Roman)
Mein Jahrhundert (Kurzgeschichten)
Im Krebsgang (Roman)
MARTIN WALSER (geb. 1927)
Finks Krieg (Roman)
CHRISTA WOLF (geb. 1929)
Medea. Stimmen (Roman)
REINER KUNZE (geb. 1933)
Deckname Lyrik (Dokumentation)
URS WIDMER (geb. 1938)
Top Dogs (Drama)
UWE TIMM (geb. 1940)
Die Entdeckung der Currywurst (Novelle)
CHRISTOPH HEIN (geb. 1944)
In seiner frühen Kindheit ein Garten (Roman)
BERNHARD SCHLINK (geb. 1944)
Der Vorleser (Roman)
Liebesfluchten (Kurzgeschichten)

HERTA MÜLLER (geb. 1953)
Atemschaukel (Roman)
ROBERT SCHNEIDER (geb. 1961)
Schlafes Bruder (Roman)
INGO SCHULZE (geb. 1962)
Simple Storys (Roman)
MARCEL BEYER (geb. 1965)
Flughunde (Roman)
DANIEL KEHLMANN (geb. 1975)
Die Vermessung der Welt (Roman)
Ruhm (Roman)

Glossar

Absurdes Theater Das Absurde Theater entstand etwa ab 1950 unter dem Einfluss des Existentialismus. Die Autoren wollen die Orientierungslosigkeit des modernen Menschen und die Widersinnigkeit des menschlichen Lebens auf die Bühne bringen. Dabei wird die Wirklichkeit verfremdet. In der Regel wird auf eine überschaubare und psychologisch motivierte Handlung verzichtet. Auch die Sprache zeigt die Entfremdung des Menschen von seiner Umwelt, vor allem den Verlust menschlicher Kommunikation. Die Stücke sind durch eine parabelhafte Form gekennzeichnet, dabei wird grotesker Humor mit Ernst verknüpft. Wichtige Vertreter: S. Becket, E. Ionesco, W. Hildesheimer.

Akt (lat.: Vorgang, Handlung) Gemeint ist damit ein in sich geschlossener, größerer Handlungsabschnitt in einem Drama. Das Drama der geschlossenen Form ist in der Regel in fünf Akte gegliedert. Man bezeichnet sie auch als Aufzüge, weil jedes Mal der Vorhang aufgezogen wird. Die Akte sind nach Szenen oder Auftritten unterteilt.

Anachronismus Unter Anachronismus wird die falsche zeitliche Einordnung von Personen oder Vorstellungen verstanden. Dies kann absichtlich geschehen zum Erzielen bestimmter Wirkungen.
Beispiel: Bei einer Theateraufführung von Goethes klassischem Drama *Iphigenie auf Tauris* treten die Schauspielerinnen und Schauspieler in moderner Alltagskleidung auf.

Analytisches Drama Im Drama der geschlossenen Form wird das Geschehen auf der Bühne manchmal von einem Ereignis bestimmt, das bereits vor Beginn der Dramenhandlung stattgefunden hat, sodass es im Drama um die schrittweise Aufdeckung (Analyse) zurückliegender Ereignisse geht. Man spricht auch von Enthüllungsdrama.
Beispiele: H. von Kleist, *Der zerbrochene Krug*; G. Hauptmann, *Der Biberpelz*.

Antagonist Antagonist ist in epischen oder dramatischen Texten der Gegenspieler der Hauptfigur (des Protagonisten). Er ist oft negativ gezeichnet. Die Auseinandersetzung zwischen Antagonist und Protagonist stellt den Motor der Handlung dar. Beispiel: In Goethes Drama *Faust* ist Mephistopheles Antagonist der Hauptfigur Faust.

Antiheld Der Antiheld wurde von Georg Büchner (1813 - 1837) in die Literatur eingeführt. Dieser ist in der Regel ein sozialer Außenseiter, der an der Gesellschaft und ihren Normen scheitert und der nicht dazu in der Lage ist, sich aktiv zur Wehr zu setzen.

Antizipation Mit Antizipation wird eine Vorausdeutung in epischen und dramatischen Werken bezeichnet. Dadurch wird Interesse wachgerufen.
Beispiel: Im Einleitungskapitel des Romans *Effi Briest* wird durch symbolhafte Andeutungen auf das spätere Schicksal der Hauptperson hingewiesen.

Archaismus Archaismus bezeichnet einen altertümlichen Ausdruck oder eine veraltete Redewendung. Als Stilmittel wird er in literarischen Texten eingesetzt, um eine bestimmte Wirkung zu erreichen, z. B. eine ironische Sicht oder einen altertümlichen Eindruck.

Assonanz Bei einer Assonanz stimmen Vokale oder Vokalverbindungen in zwei aufeinanderfolgenden Wörtern lautlich überein. In der Lyrik wird die Assonanz in Form des Binnenreims als Stilmittel eingesetzt.
Beispiel: Wiegenlieder - tiefen.

Auftakt Der Auftakt ist eine aus der musikalischen Fachsprache übernommene Bezeichnung für eine unbetonte Silbe (Senkung) vor der ersten Hebung eines Verses. Entsprechend nennt man einen Vers, der auftaktend mit einer Senkung beginnt, jambisch, wenn er ohne Auftakt mit einer Hebung beginnt, trochäisch.
Beispiele: F. Schiller, „Freude schöner Götterfunken" (trochäisch); J. W. Goethe, „Es schlug mein Herz, geschwind zu Pferde" (jambisch).

Außensicht Die Erzählperspektive kann durch den Standort des Erzählers bestimmt werden: durch die Außensicht, wenn der Erzähler die Figuren nur von außen sieht, oder durch die Innensicht, wenn der Erzähler auch das Innenleben der Figuren kennzeichnet. Dies kann beispielsweise durch Verben ausgedrückt werden, die innere Vorgänge bezeichnen, wie *sich fühlen, sich vorstellen, träumen*.

Bewusstseinsstrom In der modernen Literatur wird der Bericht des Erzählers von dem, was im Innern einer Person vor sich geht, oft in Form von assoziativen Eindrücken oder ungeordneten Erinnerungen wiedergegeben, wobei sich der Satzbau auflösen kann. Man spricht dann von Bewusstseinsstrom (stream of consciousness). Dieser enthält meist auch herkömmliche Formen des Berichts (↗ Innerer Monolog, Erlebte Rede).

Bild Beim sprachlichen Bild werden Sachverhalte veranschaulicht. Bildlichkeit ist ein wesentliches Kennzeichen dichterisch-poetischer Ausdrucksweise. Man unterscheidet folgende Formen:

Metapher - bildhafte Übertragung aus einem anderen Bedeutungsbereich. In der Dichtung werden immer wieder neue Metaphern geschaffen. Sie sind ein besonderes Zeichen kreativer Phantasie.
Beispiel: „... der Märkte runder Wirbel stockt zu Eis ...“ (G. Heym).
Personifikation (Vermenschlichung) - abstrakte Begriffe, Naturerscheinungen, Tiere oder leblose Dinge werden als menschliche Gestalten dargestellt, d. h. personifiziert.
Beispiel: „Gelassen stieg die Nacht ans Land ...“ (E. Mörike).
Vergleich - jede Form, durch die zwei oder mehrere Bereiche miteinander verglichen werden.
Beispiel: ein Herz wie Stein.

Bürgerliches Trauerspiel Zur Zeit der Aufklärung erstarkte das Bürgertum. Das tragische Schicksal von Menschen bürgerlichen Standes wird künftig häufiger auf der Bühne dargestellt. Die Ständeklausel der traditionellen Dramen, wonach nur das Schicksal von Personen eines hohen Standes in Tragödien auftreten durften, wird aufgehoben.
Beispiele: G. E. Lessing, *Emila Galotti*; F. Hebbel, *Maria Magdalene*.

Chiffre Ein sprachliches Bild, bei dem es der Leser bzw. die Leserin besonders schwer hat, die Bedeutung zu erschließen. Die Chiffre taucht häufig in moderner Lyrik auf. Man spricht auch von der absoluten ↗ Metapher.
Beispiele: bei P. Celan, G. Benn.

Denotation (von lat.: denotare - bezeichnen) Situations- und kontextunabhängige Grundbedeutung eines sprachlichen Zeichens. Dagegen wird unter *Konnotation* (lat.: connotare - mitbedeuten) die positive oder negative Nebenbedeutung eines sprachlichen Zeichens verstanden.

Dialog Ein Gespräch zwischen zwei oder mehreren Personen in Rede und Gegenrede. Im Drama bestimmt der Dialog den Aufbau und den Fortgang des dramatischen Geschehens. Er charakterisiert außerdem die beteiligten Personen. In epischen Texten kann der Dialog in direkter oder indirekter Rede wiedergegeben werden. Der Gegenbegriff heißt „Monolog“.

Dinggedicht Eine lyrische Gattung, bei der das lyrische Ich zugunsten der beschreibenden Darstellung und der Einfühlung in einen Gegenstand, eine Pflanze oder ein Tier zurücktritt. Beispiel: R. M. Rilke, *Der Panther*.

Distichon Ein Doppelvers aus einem ↗ Hexameter (Verszeile aus sechs Daktylen; letzter Versfuß in der Regel zweisilbig) und einem Pentameter (fünf Versfüße). Der Pentameter kommt nur in Verbindung mit dem Hexameter vor.
Beispiel: Im Hexameter steigt des Springquells flüssige Säule.
Im Pentameter drauf fällt sie melodisch herab. (F. Schiller, *Das Distichon*)

Elegie Inhaltlich ist die Elegie ein Gedicht im Ton einer verhaltenen Trauer, Wehmut und Resignation. Formal ist die Elegie in der Form von ↗ Distichen festgelegt. In der Antike galt die Elegie als Klagelied. In der deutschen Literatur ist sie seit dem Barock ein Gedicht, das Trauer und Sehnsucht ausdrückt. Beispiele: J. W. Goethe, *Marienbader Elegie*; R. M. Rilke, *Duineser Elegien*.

Enjambement Von einem Enjabement oder Zeilensprung spricht man, wenn in einem Gedicht Satz- und Versende nicht zusammenfallen, sondern der Satz auf den nächsten Vers übergreift. Damit wird eine Spannung zwischen Sinn und Versstruktur erzeugt.

Epilog Der Epilog ist in literarischen Texten, vor allem im Drama, ein Schlusswort, das nach Beendigung der Handlung direkt an das Publikum gerichtet ist. Es dient oft dazu, dem Zuschauer mitzuteilen, was er aus dem Gesehenen lernen soll. Zusammen mit dem *Prolog* zu Beginn wird oft ein Rahmen gebildet.
Beispiel: B. Brecht, *Der gute Mensch von Sezuan*.

Epos Früheste epische Großform, die in Versen abgefasst wurde. Das Epos berichtet breit und ausführlich von einem bedeutenden Ereignis, das meistens als historisch real angesehen wird. Der oder die Verfasser sind zum Teil unbekannt.
Beispiele: *Nibelungenlied*; W. von Eschenbach, *Parzival*.

Erlebte Rede Die inneren Vorgänge der Figur einer Erzählung, ihrer Gedanken und Gefühle, werden vom ↗ Erzähler in der 3. Person (Indikativ) ohne direkte oder indirekte Rede wiedergegeben.

Fabel 1. Erzählende lehrhafte Textgattung von meist geringem Umfang in Vers- oder Prosaform. Menschliche Eigenschaften werden durch Tiere, manchmal auch Pflanzen verkörpert. Am Beginn oder Ende steht oft eine Lehre oder moralische Anwendung. Als „Erfinder" der Fabel gilt der griechische Dichter Äsop. In der Epoche der Aufklärung gilt die Fabel als Mittel der Zeitkritik.
2. Begriff der Literaturtheorie, der den thematischen Kern bezeichnet, der einem erzählenden oder dramatischen Text zugrundeliegt. Der Begriff wird oft auch synonym verwendet mit „Plot".

Figurenrede Der Erzähler verfügt über unterschiedliche Darstellungsmöglichkeiten, um dem Leser das Geschehen zu präsentieren. So kann er selbst erzählen oder er kann seine Figuren reden lassen: in direkter Rede, in indirekter Rede, in der Form der ↗ Erlebten Rede oder des ↗ Inneren Monologs. In der modernen Epik des 20. und 21. Jahrhunderts werden diese Formen immer wichtiger.

Fiktion/Fiktionalität (von lat.: fictio – Erfindung) Damit wird der Vorgang des künstlerischen Erfindens und das Ergebnis bezeichnet. Fiktive Sachverhalte sind ein Grundelement dramatischer und epischer Dichtung. In fiktionalen Texten wird entsprechend die Sprache nicht dazu verwendet, um sich über den Alltag zu verständigen, sondern um darzustellen, was geschehen könnte und was möglich ist.

Freie Rhythmen Reimlose Verse ohne Versmaß und festgelegte Zeilenlänge. Sie eignen sich besonders zum Ausdruck von Empfindungen.
Beispiel: Lyrik des Sturm und Drang.

Gattung Man bezeichnet seit dem 18. Jh. mit Gattung die drei Grundformen der Literatur Lyrik, Epik, Dramatik. Manchmal werden damit auch die speziellen Ausprägungen einer Grundform bezeichnet, so z. B. einzelne Gattungsformen der Epik wie: Anekdote, Kurzgeschichte, Novelle, Roman.

Groteske In entsprechenden Texten werden durch die Technik der Verfremdung, Verzerrung und Entstellung Elemente des Komischen und Tragischen miteinander verknüpft. Beispiel: ↗ Tragikomödie.

Hymne (griech.: Lied, festlicher Gesang) Die Hymne weist oft einen ekstatischen, feierlich wirkenden Stil auf. Sie bezeichnet in der Antike einen Preisgesang zu Ehren einer Gottheit. Im 18. Jh. wurden die Hymnen (↗ Freie Rhythmen) auch als Ausdruck pantheistischer Naturverehrung oder für andere Themen verwendet.
Beispiele: F. Schiller, *An die Freude*; J.W. Goethe, *Prometheus*.

Hypotaxe Bezeichnung für die Gliederung eines Gedankens in einem Satzgefüge aus Haupt- und Nebensatz bzw. Nebensätzen. Die Hypotaxe kann als Stilmittel in Texten genutzt werden. Der Gegenbegriff heißt „Parataxe"; hierbei werden Hauptsätze aneinandergereiht.
Beispiele: H. von Kleist (Hypotaxe); Wolfgang Borchert (Parataxe).

Innensicht Die Erzählperspektive kennzeichnet die Position des Erzählers, seinen Blickwinkel gegenüber den von ihm erzählten Geschehnissen (Nähe oder Distanz). Der Zugang des Erzählers zum Innenleben seiner Personen wird als Innensicht bezeichnet, der Gegenbegriff heißt „Außensicht".

Innerer Monolog Unmittelbare Wiedergabe von Gefühlen und Gedanken einer Figur. Es handelt sich um eine Darstellungstechnik in Prosawerken, mit deren Hilfe Gedanken, Assoziationen, Bewusstseinsströme, Sinneseinstellungen und Vorstellungen ausschließlich in der Ich-Form wiedergegeben werden. Der lenkend eingreifende Erzähler verschwindet dabei fast ganz. Durch den Inneren Monolog soll eine Identifikation des Lesers erreicht werden. Stilmittel sind z. B.: Ausrufe, Wortwiederholungen.

Lied Das Lied ist eine für den Gesang bestimmte lyrische Gattung. Es besteht meist aus mehreren Strophen, die gleich gebaut sind. Oft weist es einen Refrain auf. Nach der Entstehung unterscheidet man zwischen *Volkslied* und *Kunstlied*, d. h. ein Gedicht in Liedform, das nachträglich vertont wird.
Die Volksliedstrophe ist eine häufig vorkommende Strophenform (vier jambische Verse mit drei oder vier Hebungen, Paarreim oder Kreuzreim, ein- und zweisilbige Kadenz im Wechsel). Volkslied und Kunstlied sind in manchen literarischen Bewegungen und Epochen eng aufeinander bezogen.
Beispiele: Lyrik des Sturm und Drang und der Romantik.

Lyrisches Ich Das Lyrische Ich darf nicht mit dem Autor gleichgesetzt werden. Es ist eine Bezeichnung für den Sprecher im Gedicht, der sich in der Ich-Form äußert. Ähnlich wie der Erzähler in einem epischen Text vermittelt das lyrische Ich zwischen Autor und Leser.

Metapher ↗ Bild

Motiv Mit Motiv bezeichnet man ein einzelnes Element, einen Baustein innerhalb eines literarischen Stoffes. Das Thema bezeichnet den Grundgedanken, aus dem sich der Sinn- oder Problemgehalt eines literarischen Textes ergibt. Es umfasst meist einen größeren Bereich, zum Beispiel Tod oder Krieg, während das Motiv kleinere Bereiche bezeichnet, die sich auf Personen oder Gegenstände beziehen. Literarische Motive sind z. B.: gegensätzliche Brüder (F. Schiller, *Die Räuber*) oder unerfüllbare Liebe (W. Shakespeare, *Romeo und Julia*; Th. Fontane, *Irrungen, Wirrungen*).

Ode Form von Gedichten, die sich besonders durch Feierlichkeit und Erhabenheit auszeichnen; dem Thema angemessen wird ein hoher Sprachstil verwendet. In der deutschen Literatur haben von allem F. G. Klopstock (1724 - 1803) und F. Hölderlin (1770 - 1843) die metrisch und strophisch streng geregelten Odenmaße der Antike verwendet.

Pentameter ↗ Distichon

Personifikation ↗ Bild

Protagonist ↗ Antagonist

Rollengedicht Ein Gedicht, in dem einer bestimmten Figur Gedanken, Erlebnisse, Gefühle in den Mund gelegt werden.
Beispiele: C. Brentano, *Der Spinnerin Nachtlied*; J. W. Goethe, *Prometheus*.

Rückblende Wechsel der Zeitebene beim Erzählen. Aus der Gegenwart wird in die Vergangenheit zurückgegriffen, entweder im Bewusstsein einer der handelnden Figuren oder durch den Erzähler (vgl. Filmrückblende).

Sonett Streng gegliederte Gedichtform, die in Italien zur Zeit der Renaissance entstanden ist. Ein Sonett besteht aus vierzehn Verszeilen: zwei Vierzeiler (Quartette), zwei Dreizeiler (Terzette). Die Inhalte der Quartette und Terzette problematisieren sich gegenseitig. In der deutschen Literatur ist das Sonett typisch für die Zeit des Barock. Es ist oft im Versmaß des ↗ Alexandriners gehalten.

Stil Als Stil bezeichnet man in der Literatur die sprachliche Gestaltung eines Werkes. Es beruht auf der Auswahl des Autors aus den lexikalischen und grammatischen Ausdrucksmöglichkeiten und der Wiederholung bestimmter Stilmittel. Die Stilgestaltung im Text wird u. a. geprägt durch historische Zusammenhänge (Zeitstil, Epochenstil, epochal bedingte Stilnormen), Wahl bestimmter Stilmöglichkeiten (↗ rhetorische Figuren, Sprachstilebene), Wortschatz und Satzbau (Verbalstil, Nominalstil, ↗ Hypotaxe, Parataxe), kommunikative Gesichtspunkte (Textsortenmuster, Wirkungsabsicht). Als Stilbruch bezeichnet man den Wechsel der Stilhöhe/ Sprachschicht, um damit eine bestimmte Wirkung zu erzielen.

Symbol Beim Symbol vertritt ein sinnlich gegebenes bildhaftes Zeichen allgemeine Zusammenhänge oder Ideen (z. B.: Taube als Symbol des Friedens).

Synästhetisches Bild Es handelt sich dabei um eine besondere Form sprachlicher Bildlichkeit, die vor allem typisch ist für die Lyrik der Romantik. Das S. beruht auf der Vermischung verschiedener Sinnesempfindungen. Beispiel: „Golden wehn die Töne nieder…“ (C. Brentano).

Teichoskopie (Mauerschau) Dramentechnisches Mittel, mit dem Ereignisse, die auf der Bühne nicht dargestellt werden können, in das Geschehen einbezogen werden. Durch die T. kann ein (scheinbar) in diesem Moment ablaufendes Geschehen durch eine der handelnden Figuren von einem erhöhten Standpunkt aus für das Publikum dargestellt werden.

Travestie Wie in der Parodie wird ein bekanntes literarisches Werk (oft ein Drama) verändert und dadurch verspottet. Im Gegensatz zur Parodie, die die Form beibehält und den Inhalt ändert, wird die komische Wirkung bei der Travestie dadurch erreicht, dass die Stilebene verändert wird und der Inhalt beibehalten wird. Das heißt, der Inhalt wird in einer nicht gemäßen Form und Sprache wiedergegeben.

Vers Die aus zwei oder mehr Versfüßen nach einem bestimmten Versmaß (↗ Metrum) gebildete Verszeile. Das Ende der Verszeile ist oft durch eine Pause markiert. Diese kann aber auch durch ein ↗ Enjambement (einen Zeilensprung) überbrückt werden. Gebräuchliche Versformen sind: ↗ Alexandriner, ↗ Blankvers, ↗ Hexameter.

Stichwortverzeichnis